高职高专金融保险专业实用教材

外汇
交易实务

第 2 版

主　编　杨向荣　朱　静

副主编　赵秀艳　胡彦平

清华大学出版社
北京

内 容 简 介

本书根据现代金融服务创新与发展,结合国际外汇交易业务实际和操作规程,具体介绍外汇、汇率、外汇市场、外汇买卖、交易计算、期货交易、期权业务、实盘买卖、交易平台等外汇交易基本知识,并通过外汇交易模拟系统操作训练提高应用技能。

本书具有知识系统、案例丰富、通俗易懂、注重岗位技能与实践应用能力培养等特征,因而既可作为高职高专金融服务与管理和国际经济与贸易等专业教学的首选教材,也可作为金融投资、商业银行、外贸企业从业人员的在职培训教材。

图书在版编目(CIP)数据

外汇交易实务 / 杨向荣,朱静主编 . —2 版 . —北京:清华大学出版社,2024.12
高职高专金融保险专业实用教材
ISBN 978-7-302-65655-5

Ⅰ. ①外… Ⅱ. ①杨… ②朱… Ⅲ. ①外汇交易-高等职业教育-教材 Ⅳ. ①F830.92

中国国家版本馆 CIP 数据核字(2024)第 048237 号

责任编辑:刘士平
封面设计:常雪影
责任校对:刘　静
责任印制:沈　露

出版发行:清华大学出版社
　　　　网　　　址:https://www.tup.com.cn,https://www.wqxuetang.com
　　　　地　　　址:北京清华大学学研大厦 A 座　　邮　　编:100084
　　　　社 总 机:010-83470000　　　　　　　　邮　　购:010-62786544
　　　　投稿与读者服务:010-62776969,c-service@tup.tsinghua.edu.cn
　　　　质量反馈:010-62772015,zhiliang@tup.tsinghua.edu.cn
　　　　课件下载:https://www.tup.com.cn,010-83470410
印 装 者:三河市龙大印装有限公司
经　　销:全国新华书店
开　　本:185mm×260mm　　印　　张:11.25　　字　　数:271 千字
版　　次:2019 年 5 月第 1 版　2024 年 12 月第 2 版　印　　次:2024 年 12 月第 1 次印刷
定　　价:39.00 元

产品编号:096174-01

前　言

金融业是现代经济可持续发展的重要支撑。金融外汇交易服务惠及众多企业和千家万户,涉及各个经济领域,在促进生产、促进外贸、开拓国际市场、拉动就业、赈灾救灾、支持中小微企业发展、支持大学生创业、推动国家经济发展、投资理财、规避汇率风险、改善民生、构建和谐社会等各方面发挥着越来越重要的作用,因而受到我国各级金融行业主管部门和金融企业的高度重视。

北京市委、市政府的《关于促进首都金融业发展的意见》,明确要把北京建设成为具有国际影响力的金融中心城市,首都金融业将迎来发展的重要契机。金融企业要想更好、更快地开拓国际市场,要想在金融市场竞争中取得优势,就必须走国际化道路,改进金融服务,加强国际金融外汇交易服务。

新时代新征程,党的二十大报告提出,构建高水平社会主义市场经济体制,深化金融体制改革,建设现代中央银行制度,加强和完善现代金融监管,强化金融稳定保障体系,依法将各类金融活动全部纳入监管,守住不发生系统性风险底线。健全资本市场功能,提高直接融资比重。加强反垄断和反不正当竞争,破除地方保护和行政性垄断,依法规范和引导资本健康发展。这对金融行业发展提出了新的要求。

外汇交易是金融管理专业的核心课程,也是商业银行、金融保险、外贸企业、外汇交易投资公司从业者所必须掌握的基本技能。当前国际金融外汇交易的迅速发展与国际金融市场的激烈竞争,对从业人员素质的要求越来越高。为保障我国全球经济活动和国际金融外汇交易业务的顺利运转,加强现代外汇交易从业者的应用知识技能培训,提高我国外汇交易管理水平,更好地为我国金融经济教学实践服务,既是金融企业可持续发展的战略选择,也是本书出版的意义。

本书作为高等职业教育金融管理专业的特色教材,按照教育部关于"加强职业教育、突出实践能力培养"的教学改革要求编写,不仅可以满足高等职业教育外汇交易课程教学的需要,而且体现了高等职业教育的职业性、实践性、应用性特色。

本书第 1 版自 2019 年出版以来,因具有内容质量好、突出学用结合的特点,深受全国职业院校广大师生的欢迎,已经多次重印;此次再版,编者审慎地对原教材进行了修订,更新了案例,补充了新知识,以使其更好地为国家经济建设和金融产业发展服务。

本书由李大军筹划并组织,杨向荣和朱静担任主编,杨向荣统稿,赵秀艳、胡彦平担任副主编,由袁峰教授审定。本书编写分工:周伟编写第一章,赵秀艳编写第二章和第三章,杨向荣编写第四章、第八章和附录,朱静编写第五章和第六章,胡彦平编写第七章;华燕萍负责文字修改、版式调整,李晓新负责制作课件。

　　本书在再版过程中参阅了大量外汇交易实务的最新书刊、网站资料，以及国家近年来新颁布实施的外汇业务管理法规和政策制度，精选了典型案例，并得到了金融专家教授的指导，在此一并表示感谢。

　　因编者水平有限，书中难免存在疏漏和不足，恳请专家、同行和读者予以批评指正。

编者

2024 年 9 月

外汇交易实务

综合练习与实训

参考答案

目　录

第一章

外汇交易基础知识

知识目标

1. 了解外汇与汇率的种类；
2. 理解外汇与汇率的含义；
3. 掌握常见的货币报价方法。

技能目标

1. 能够看懂汇率牌价；
2. 能够运用汇率报价进行货币兑换；
3. 能够运用汇率进行进出口报价的折算。

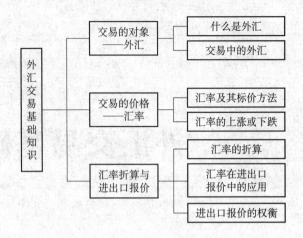

课前导读

你能准确判断以下哪些是外汇，哪些不是外汇吗？

我国某公司持有的美元现金、英镑存款；在美国投资购买的汽车、美国国库券；IBM公司股票；汇丰银行开出的港币旅行支票；越南盾现钞；花旗银行开出的汇票；在美国购买的房产；人民币存款。

如果上述公司是一家美国公司，你又如何判断呢？

在外汇交易中，"外汇"是最基本的概念，它已成为各国从事国际经济活动不可缺少的媒介。要准确把握外汇的确切内涵，以及进行各种外汇交易，我们有必要从外汇的概念学起。

第一节　交易的对象——外汇

一、什么是外汇

从形态上讲，外汇（Foreign Exchange）的概念可从两个方面来理解，即动态的外汇和静态的外汇。

（一）动态的外汇

由于各国都有自己独立的货币制度和货币，一国货币不能在另一国流通，从而国与国的债权和债务在清偿时，需要进行本外币的兑换。

动态的外汇是"国际汇兑"的简称，就是把一个国家的货币兑换成另一个国家的货币，以清偿国际债权债务的一种专门性的经营活动。

例如，英国某进出口公司从美国进口一批机器设备，双方约定用美元支付，而英方公司只有英镑存款，为了解决支付问题，该公司用英镑向伦敦银行购买相应金额的美元汇票，然后寄给美国出口商；美国出口商收到汇票后，即可向当地纽约银行兑取美元。这样一个过程就是国际汇兑（见图1-1），也就是外汇最原始的概念。

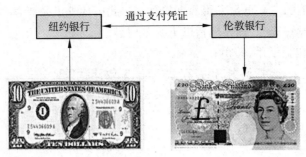

图1-1　国际汇兑

（二）静态的外汇

随着世界经济的发展,国际经济活动日益活跃,国际汇兑业务也越来越广泛,"国际汇兑"由一个动态的概念演变为国际汇兑过程中国际支付手段这样一个静态的概念,从而形成了目前外汇的一般静态定义,即以外币表示的、为各国普遍接受的、可用于清偿国际债权债务的金融资产和支付手段。

作为国际支付手段的外汇必须具备三个要素:国际性、自由兑换性和可偿性。我们可以从下述三个方面进一步理解。

1. 外汇必须是以外币计价或表示的各种金融资产

外汇必须是以外币计价或表示的各种金融资产,也就是说,用本国货币计价或表示的金融资产不能视为外汇。以美元为例,美元为国际支付中常用的货币,但对美国人来说,凡是用美元对外进行的收付活动都不算是动用了外汇。而只有对美国以外的人来说,美元才算是外汇。

2. 外汇必须具有充分的可兑换性

一般来说,只有能自由兑换成其他国家的货币,同时能不受限制地存入该国商业银行的普通账户才算作外汇。例如,美元可以自由兑换成日元、英镑、欧元等其他货币,因而美元对其他国家的人来说是一种外汇;而我国人民币现在还不能自由兑换成其他种类货币,所以人民币对其他国家的人来说尽管也是一种外币,却不能称作外汇。

🔗 **想一想**: 朝鲜元现钞为什么不是外汇?

3. 外汇必须在国际上能够被普遍接受

空头支票、拒付的汇票等均不能视为外汇,否则国际汇兑的过程就无法进行,同时,在多边结算制度下,在国际上得不到偿还的债权显然不能用作本国对第三国债务的清偿。

以上对于外汇的理解主要是从狭义的角度来分析,即狭义外汇是指在国外的银行存款以及索取这些存款的外币票据与外币凭证,如汇票、本票、支票等。相对而言,广义的外汇是指国际货币基金组织和各国外汇管理法令中的外汇。

国际货币基金组织对外汇的定义:"外汇是货币行政当局以银行存款、财政部库债券、长短期政府债券等形式保有的国际收支逆差时可以使用的债权。"

我国于2008年8月1日修订了《中华人民共和国外汇管理条例》(以下简称《条例》),

《条例》第三条对外汇的定义也是采用静态的含义。我国的外汇是指以外币表示的可以用作国际清偿的支付手段和资产,具体包括以下5项内容:

(1) 外国货币,包括纸币、铸币;

(2) 外币支付凭证,包括票据、银行存款凭证、邮政储蓄凭证等;

(3) 外币有价证券,包括政府债券、公司债券、股票等;

(4) 特别提款权、欧洲货币单位;

(5) 其他外汇资产。

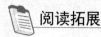 **阅读拓展**

人民币国际化取得积极进展

本报北京9月26日电(记者徐佩玉) 中国人民银行日前发布2021年人民币国际化报告显示,2020年,人民币的支付货币功能进一步增强,投融资货币功能深化,储备货币功能上升,计价货币功能有新的突破,人民币国际化取得积极进展。

2020年,人民币跨境收付金额较快增长,银行代客人民币跨境收付金额合计为28.39万亿元,同比增长44.3%,收付金额创历史新高。人民币跨境收支总体平衡,全年累计净流出1 857.86亿元。2021年上半年,银行代客人民币跨境收付金额合计为17.57万亿元,同比增长38.7%。

经常项目和直接投资等与实体经济相关的跨境人民币结算量较快增长,大宗商品等重要领域及东盟等地区使用人民币进一步增加。人民币汇率弹性增强,双向波动成为常态。为规避汇率风险,更多市场主体倾向在跨境贸易投资中选择使用人民币。

境外投资者积极配置人民币资产,证券投资等资本项下使用人民币成为人民币跨境收支增长的主要推动力量。报告指出,中国经济基本面良好,货币政策保持在正常区间,人民币相对于主要可兑换货币有较高利差,人民币资产对全球投资者的吸引力较强。截至2021年6月末,境外主体持有境内人民币股票、债券、贷款及存款等金融资产金额合计为10.26万亿元,同比增长42.8%。

环球银行金融电信协会发布数据显示,2021年6月,在主要国际支付货币中人民币排在第五位,人民币支付金额占所有货币支付金额的2.5%,较去年同期上升0.7个百分点。2021年一季度,在国际货币基金组织官方外汇储备货币构成中人民币排在第五位,人民币在全球外汇储备中的占比为2.5%,较2016年人民币刚加入特别提款权篮子时上升1.4个百分点。

中国人民银行表示,下一阶段,将以顺应需求和“水到渠成”为原则,坚持市场驱动和企业自主选择,进一步完善人民币跨境使用的政策支持体系和基础设施安排,推动金融市场双向开放,发展离岸人民币市场,为市场主体使用人民币营造更加便利的环境,同时进一步健全跨境资金流动的审慎管理框架,守住不发生系统性风险的底线。

资料来源:人民网,2021-09-27.

二、交易中的外汇

外汇的种类很多,大部分国家都有自己的货币,但外汇交易中所涉及的

知识链接 1-1

稳步推进人民币

国际化的关键

货币品种却是有限的。进行外汇交易的货币是国际上可兑换的货币。

(一) 外汇交易中的主要货币名称及符号

外汇交易中的主要货币名称及符号如表 1-1 所示。

表 1-1 外汇交易中的主要货币名称及符号一览表

国家或地区 (Country or District)	货币名称 (Currency)	ISO 货币符号 (ISO Codes)		惯用缩写 (Abbreviation)
		字母代码 (Alphabetic)	数字代码 (Numeric)	
China(中国)	Renminbi Yuan(人民币元)	CNY	156	¥
Hong Kong(中国香港)	HongKong Dollar(港币)	HKD	344	HK $
Japan(日本)	Yen(日元)	JPY	392	Yen
Singapore(新加坡)	Singapore Dollar(新加坡元)	SGD	702	S $
European Union(欧盟)	Euro(欧元)	EUR	978	€
United Kingdom(英国)	Pound Sterling(英镑)	GBP	826	£
Switzerland(瑞士)	Swiss Franc(瑞士法郎)	CHF	756	SFr
United States(美国)	U. S. Dollar(美元)	USD	840	USA $
Canada(加拿大)	Canadian Dollar(加拿大元)	CAD	124	C $
Australia(澳大利亚)	Australian Dollar(澳大利亚元)	AUD	036	A $

资料来源:国际标准化组织 4217 标准 2001 版——货币和资金表示代码。

(二) 主要货币和次要货币

在外汇交易中,交易最频繁的货币叫作主要货币,按照交易额排序分别是美元、欧元、日元、英镑、瑞士法郎、加拿大元和澳大利亚元等。其余的交易货币都被称为次要货币,如新西兰元、南非兰特和新加坡元是经常交易的次要货币。由于国际市场上的交易合同量在不断变化,其他次要货币的交易频率就很难确定了。

(三) 现钞和现汇

现钞主要是指由境外携入或个人持有的可自由兑换的外国货币,简单地说,就是指个人所持有的外国钞票,如美元、日元、英镑等。现汇是指由国外汇入或由境外携入、寄入的外币票据和凭证,在日常生活中我们能够经常接触到的主要有境外汇款和旅行支票等。

由于人民币是我国的法定货币,外币现钞在我国境内不能作为支付手段,只有在境外才能成为流通货币,银行在使用中需要支付包装、运输、保险等费用,而现汇作为账面上的外汇,它的转移出境只需要进行账面上的划拨就可以了。因此,在银行公布的外汇牌价中,现钞与现汇并不等值,现钞的买入价要低于现汇的买入价。

 想一想 现钞和现汇的区别有哪些？

小贴士

部分外币图样如图 1-2 所示。

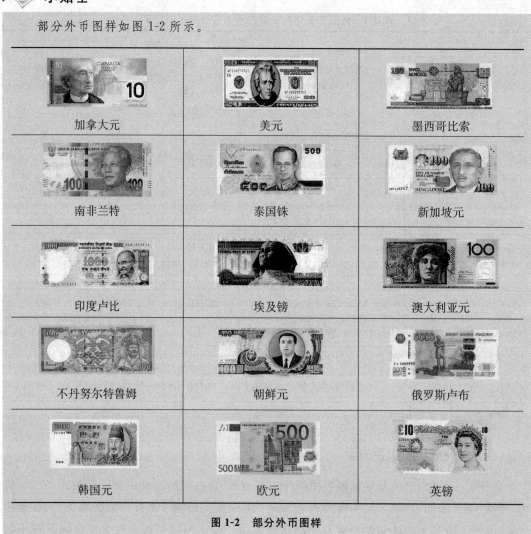

加拿大元	美元	墨西哥比索
南非兰特	泰国铢	新加坡元
印度卢比	埃及镑	澳大利亚元
不丹努尔特鲁姆	朝鲜元	俄罗斯卢布
韩国元	欧元	英镑

图 1-2 部分外币图样

第二节 交易的价格——汇率

想一想 你了解外汇行情吗？你会看外汇牌价吗？

一、汇率及其标价方法

在表 1-2 中可以看到各种不同的数字即汇率,那么什么是汇率呢？

表 1-2 中国工商银行人民币即期外汇牌价　　单位:人民币/100 外币

币　　种	现汇买入价	现钞买入价	现汇卖出价	现钞卖出价
英镑(GBP)	915.43	897.16	921.57	921.57
港币(HKD)	91.87	91.35	92.21	92.21
美元(USD)	718.49	714.46	721.23	721.23
瑞士法郎(CHF)	815.67	799.39	821.14	821.14
新加坡元(SGD)	537.46	526.74	541.07	541.07
巴基斯坦卢比(PKR)	2.570 1	2.513 9	2.587 3	2.587 3
瑞典克朗(SEK)	69.91	68.52	70.38	70.38
丹麦克朗(DKK)	104.95	102.85	105.65	105.65
挪威克朗(NOK)	68.67	67.30	69.13	69.13
日元(JPY)	4.847 3	4.750 5	4.879 8	4.879 8
加拿大元(CAD)	532.03	521.41	535.60	535.60

资料来源:中国工商银行网站,2024-03-07.

(一) 汇率的含义

汇率(Exchange Rate)是指用一国货币表示另一国货币的价格。换句话说,汇率就是两种不同货币之间的交换比率或比价,故又称为"汇价"或"兑换率"。

从汇率的定义可以看到,汇率属于"价格"的范畴,它跟一般商品的价格有许多类似之处,不过它是各国特殊商品即货币的价格。

例 1-1

$$1 美元 = 7.196 5 元人民币$$

即用人民币表示美元的价格,也可以说成美元兑人民币的比率为 7.196 5。

$$1 英镑 = 1.275 4 美元$$

即用美元表示英镑的价格,也可以说成英镑兑美元的比率为 1.275 4。那么在两种货币的价格表示中,到底用哪种货币表示另一种货币的价格呢? 这涉及汇率的标价方法问题。

(二) 汇率的标价方法

汇率的标价方法即汇率的表示方法。因为汇率是两国货币之间的交换比率,在具体表示时就牵涉以哪种货币作为标准的问题,由于所选择的标准不同,便产生了三种不同的汇率标价方法。

1. 直接标价法

直接标价法(Direct Quotation)是以一定单位的外国货币为标准,折算为若干数量的本国货币来表示汇率的方法,即用"本币"表示"外币"的价格。或者说,以一定单位的外币为基准计算应付多少本币,所以又称应付标价法(Giving Quotation),如人民币市场汇价(见表 1-3)。

表 1-3　人民币市场汇价表（2024 年 3 月 7 日）　　　　单位:元

货　币	单　位	中间价	货　币	单　位	中间价
美元	100	718.49	日元	100	4.847 3
欧元	100	782.73	港币	100	91.89

资料来源:国家外汇管理局网站。

在直接标价法下,外国货币总是一定单位(1、100、10 000 等)的固定数额,汇率的涨跌都是以相对的本国货币数额的变化来表示,简称外币不动本币动。

例 1-2

假设我国人民币市场汇率如下。

月初:　　　　　　　　　USD1＝CNY7.196 5

月末:　　　　　　　　　USD1＝CNY7.350 0

以上变化说明美元贬值,人民币升值。

直接标价法的特点如下。

(1) 在直接标价法下,本币数量的变化,反映单位外币价值的变化。本币数量增加,则外汇汇率上涨,即外币升值,或本币贬值;反之亦然。

(2) 在直接标价法下,外汇汇率的升降同本币数额的变化成正变动关系。

用直接标价法表示汇率有利于本国投资者直接明了地了解外汇行情变化,它成为目前国际上绝大多数国家采用的标价方法。

2. 间接标价法

间接标价法(Indirect Quotation)是以一定单位的本国货币为标准,折算为若干数量的外国货币来表示汇率的方法,即用"外币"表示"本币"的价格。或者说,以本国货币为标准来计算应收多少外国货币,所以又称应收标价法(Receiving Quotation),如伦敦、纽约外汇行市(见表 1-4)。

表 1-4　伦敦、纽约外汇行市表（2024 年 3 月 7 日）

伦敦外汇市场		纽约外汇市场	
货币名称	1 英镑折合外币	货币名称	1 美元折合外币
美元	1.276 6	新加坡元	1.334 9
加拿大元	1.722 7	日元	148.10
瑞士法郎	1.122 2	港元	7.821 0

资料来源:新浪财经,2022-02-24.

在间接标价法下,本币金额总是一定单位的固定数额,汇率的涨跌都是以相对的外国货币数额的变化来表示,简称本币不动外币动。

例 1-3

假设伦敦外汇市场汇率如下。

月初：　　　　　　　　　　　GBP1＝USD1.273 0

月末：　　　　　　　　　　　GBP1＝USD1.279 0

以上变化说明英镑升值，美元贬值。

间接标价法的特点如下。

(1) 外币数量的变化，反映该外币价值的变化。外币数量增加，则外汇汇率下降，即外币贬值；反之亦然。

(2) 在间接标价法下，外汇汇率的升降同外币数额的变化成反向变动关系。

目前采用间接标价法的少数货币是：美元、英镑、欧元、澳元、新西兰元、爱尔兰镑、南非兰特等。英镑长期以来采用间接标价法，对欧元采用直接标价法。美国自 1978 年 9 月 1 日起采用间接标价法，但对英镑和欧元仍然沿用直接标价法。

例 1-4

假设东京外汇市场月初汇率为 USD1＝JPY120.47，月末汇率为 USD1＝JPY110.47，以上汇率变化说明什么问题？

假设纽约外汇市场月初汇率为 USD1＝HKD7.750 1，月末汇率为 USD1＝HKD7.760 1，以上汇率变化说明什么问题？

分析：东京外汇市场汇率的变化说明美元贬值，日元升值；纽约外汇市场汇率的变化说明美元升值，港币贬值。

想一想：直接标价法和间接标价法下的汇率之间是什么关系？

3. 美元标价法

随着国际金融市场间外汇交易量的猛增，为了便于国际交易，在银行之间报价时通常采用美元标价法(U. S. Dollar Quotation System)。美元标价法是指以美元为标准表示各国货币汇率的方法，目前已普遍用于世界各大国际金融中心。这种现象某种程度上反映出在当前的国际经济中，美元仍然是最重要的国际货币。

例 1-5

假设某日瑞士苏黎世外汇市场汇率报价如下：

USD1＝JPY148.12

USD1＝HKD7.821 0

EUR1＝USD1.091 5

GBP1＝USD1.276 6

这些报价对瑞士来讲，既非直接标价法也非间接标价法，其中 USD1＝JPY102.60 和 USD1＝HKD7.797 0 属于以美元为标准表示其他货币的价格，称为美元标价法，而 EUR1＝USD1.352 6 和 GBP1＝USD1.856 4 属于以其他货币为标准表示美元的价格，称为非美元标价法。

对上述三种标价法的比较如表 1-5 所示。

表 1-5　三种标价法的比较

标价法	定义	公　式	特　点	表　示	应　用
直接标价法	应付标价法	外币/本币=x 如中国： USD/CNY=7.197 0	外币不变;本币数额增加,本币贬值	外币1=本币 x 如中国： USD1=CNY7.197 0	大多数货币（除英镑、美元等7种货币）
间接标价法	应收标价法	本币/外币=x 如英国： GBP/USD=1.276 6	本币不变;外币数额增加,本币升值	本币1=外币 x 如英国： GBP1=USD1.276 6	英镑、美元等7种货币
美元标价法	—	1. 美元/外币=x 如 USD/HKD=7.821 0 2. 外币/美元=x 如 EUR/USD=1.092 6	美元不变;本币数额增加,本币贬值	(1)美元1=外币 x 如 USD1=HKD7.821 0 (2)外币1=美元 x 如 EUR1=USD1.092 6	美元与其他货币的比价

（三）标价法中的基准货币和标价货币

1. 基准货币

各种标价法下数量固定不变的货币叫作基准货币（Based Currency），例如，GBP1＝USD1.970 9 中的 GBP,USD1=CNY6.870 4 中的 USD。

2. 标价货币

各种标价法下数量变化的货币叫作标价货币（Quoted Currency）。

显然,在直接标价法下,基准货币为外币,标价货币为本币;在间接标价法下,基准货币为本币,标价货币为外币;在美元标价法下,基准货币是美元,其他货币是标价货币。

在我国个人外汇实盘买卖的报价中,还有两种报价方法,即直盘报价法和交叉盘报价法。直盘报价法指基准货币或标价货币有一个是美元;交叉盘报价法指不论基准货币还是标价货币都是非美元货币。

例如,EUR/USD=1.123 4/1.126 4 属直盘报价法;GBP/JPY=186.93/187.37 属交叉盘报价法。

（四）汇率的标价原则

1. 正确写法

基准货币/标价货币

GBP/USD=1.276 0/70

以上汇率的表示方法还可以写成:GBP1=USD1.276 0/70。

2. 辨别买入价与卖出价

(1)交易双方分别为银行和客户时,站在银行角度。

(2)交易双方均为银行或没有银行时,站在报价方角度。

(3)报价汇率中的货币没有本国货币时,站在基准货币角度。

想一想 若 USD/JPY＝102.65/108.30,报价方(或询价方)买入 USD 时要付出多少 JPY? 报价方(或询价方)卖出 USD 时要收入多少 JPY?

(五)汇率的类型

外汇汇率的种类很多,特别是在实际业务中,分类更加复杂。这里主要从三个角度对汇率的类型加以介绍。

1. 按汇率制定的角度划分

按汇率制定的角度划分,汇率可分为基本汇率和套算汇率。

基本汇率(Basic Rate)是本国货币(Local Currency)对某一关键货币的比率。关键货币(Key Currency)是指国际上普遍接受的,国际收支中使用最多,外汇储备中占比最大的自由外汇。套算汇率(Cross Rate)是指通过基本汇率套算得到的两种货币间的汇率。

例 1-6

已知基本汇率分别为 USD1＝HKD7.786 0,USD1＝SGD1.840 5,求套算汇率 SGD/HKD。

分析:由已知条件可得 HKD7.786 0＝SGD1.840 5,所以 SGD1＝HKD4.230 4(7.786 0/1.840 5),即套算汇率 SGD/HKD＝4.230 4。

例 1-7

已知基本汇率分别为 GBP1＝USD1.562 5,USD1＝CHF1.603 2,求套算汇率 GBP/CHF。

分析:由已知条件可得 GBP1＝CHF(1.603 2×1.562 5)＝CHF2.505,即套算汇率 GBP/CHF＝2.505。

2. 按银行买卖外汇的角度划分

按银行买卖外汇的角度划分,汇率可分为买入汇率、卖出汇率、中间汇率和现钞汇率。

(1)买入汇率(Buying Rate)是外汇银行从客户手中买进外汇时所采用的汇率。

(2)卖出汇率(Selling Rate)是外汇银行卖给客户外汇时所采用的汇率。

外汇银行作为从事货币、信用业务的中间商人,赢利主要体现在买入与卖出的差价上。换句话说,外汇卖出价高于买入价的部分是银行买卖外汇的毛收益,包括外汇买卖的手续费、保险费、利息和利润等。

(3)中间汇率(Middle Rate)是买入价和卖出价的算术平均数,即中间价＝(买入价＋卖出价)÷2,报纸、电台、电视中的通常是中间价,它常被用作汇率分析的指标。

(4)现钞汇率(Bank Notes Rate)是银行买卖外币现钞的价格。

由于外币现钞在本国不能流通,需要把它们运至国外才能使用,在运输现钞过程中需要花费一定的保险费和运费，所以银行购买外币现钞的价格要略低于购买外汇票据的价格，而卖出外币现钞的价格一般与现汇卖出价相同。

3. 按外汇买卖交割期限不同划分

按外汇买卖交割期限不同划分，汇率分为即期汇率和远期汇率。

即期汇率（Spot Rate）是指买卖双方成交后，于当时或两个工作日之内进行外汇交割时所采用的汇率。交割（Delivery）是指外汇业务中两种货币的对应实际收付行为。远期汇率（Forward Rate）是指买卖双方成交后，在约定的日期办理交割时采用的汇率。

二、汇率的上涨或下跌

（一）汇率上涨或下跌的含义

汇率上涨（货币升值）是指一种货币可以兑换相对多的其他货币。

例 1-8

假设某外汇市场的汇率如下。

月初：　　　　　　　　　GBP1＝USD1.272 5
月末：　　　　　　　　　GBP1＝USD1.278 5

以上变化说明英镑可以兑换更多的美元，即英镑汇率上升，英镑升值。

汇率下跌（货币贬值）指一种货币只能兑换相对少的其他货币。

例 1-9

假设某外汇市场的汇率如下。

月初：　　　　　　　　　USD1＝CNY7.199 5
月末：　　　　　　　　　USD1＝CNY7.192 5

以上变化说明美元只能兑换更少的人民币，即美元汇率下跌，美元贬值。

在任何一组货币对中，一种货币升值的同时就是另一种货币的贬值，如例 1-8 中，英镑升值，即美元贬值；例 1-9 中，美元贬值，即人民币升值。

（二）汇率变化幅度的表示方法与计算

1. 表示方法一：基本点（基点）

按市场惯例，汇率通常由五位有效数字组成，最后一位数字被称为基本点，它是构成汇率变动的最小单位，如 1 欧元＝1.093 0 美元，1 美元＝148.50 日元。若欧元兑美元从 1.093 0 变为 1.093 5，变化幅度为 0.000 5，称欧元对美元上涨了 5 个基本点。美元对日元从 148.50 变为 148.00，变化幅度为 −0.50，称美元对日元下跌了 50 个基本点。可以看出，通常一个基本点是 0.000 1，但也有例外，如在日元的汇率中，一个基本点是 0.01。

除了通过基本点表示汇率的变化以外，还经常使用百分比表示汇率的变化幅度。例如，

2024年2月16日腾讯网报道:"数据显示,目前美元对离岸人民币已回到7.22左右,今年以来截至发稿时升值幅度达到1.32%。尤其是2月13日美国超预期的1月份CPI数据公布后,美联储降息预期再度推迟,当天美元对离岸人民币反弹了160多点,最高达到7.2333,离去年的高点7.3682仅相差1.9%(1300多点)。"在这段资料中,可以看到基点和百分比两种表示汇率变化的方式。

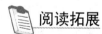 **想一想** 资料中的796个基点如何计算? 人民币升值幅度1.15%又是如何计算出来的呢?

2. 表示方法二:百分比

通过以下两个公式可从不同角度计算汇率的变化幅度。

基准货币/标价货币的汇率变化(%)=(新汇率/旧汇率-1)×100%
标价货币/基准货币的汇率变化(%)=(旧汇率/新汇率-1)×100%

例1-10

假设2023年3月24日:GBP/CNY=8.3622;7月21日:GBP/CNY=9.4171。

思考:

① GBP升值还是贬值? 变化幅度是多少?

② CNY升值还是贬值? 变化幅度是多少?

分析:

① GBP由8.3622变为9.4171,说明GBP升值,升值幅度为

基准货币/标价货币的汇率变化(%)=(新汇率/旧汇率-1)×100%
=(9.4171/8.3622-1)×100%=12.62%

② CNY升值,升值幅度为

标价货币/基准货币的汇率变化(%)=(旧汇率/新汇率-1)×100%
=(8.3622/9.4171-1)×100%=-11.20%

阅读拓展

在岸人民币对美元汇率日内拉涨逾800基点

北京商报讯(记者 廖蒙) 9月11日,据人民银行官网消息,全国外汇市场自律机制专题会议在北京召开,讨论了近期外汇市场形势和人民币(7.1920,-0.0051,-0.07%)汇率问题,并提出人民币汇率在合理均衡水平上保持基本稳定具有坚实基础。

消息传出后,在岸、离岸人民币对美元汇率迅猛拉升,连续回升至7.30关口上方。其中,在岸人民币对美元汇率最高升至7.2608,日内涨幅一度扩大至逾800基点;离岸人民币对美元汇率涨幅一度逼近700基点,最高升值至7.2932。

截至9月11日13时30分,在岸人民币对美元汇率报7.2766,日内升值幅度为0.88%;离岸人民币对美元汇率报7.2938,日内升值幅度为0.97%。美元/人民币(在岸)一日K线图如图1-3所示。

图1-3　美元/人民币(在岸)一日K线图

资料来源：北京商报，2023-09-11.

第三节　汇率折算与进出口报价

在进出口贸易中，经常会遇到以下情况：出口业务中，原来出口商品以一种货币报价，现在需要改用另一种货币报价；进口业务中，我方需要比较不同货币的报价。解决这些问题需要掌握汇率的折算方法、进出口报价的权衡办法，以及正确运用汇率的买入价和卖出价等。

一、汇率的折算

（一）外币/本币——本币/外币

已知1单位甲货币＝××乙货币的中间价，求1单位乙货币＝××甲货币的中间价。

计算方法：取倒数。

例1-11

我国出口商对外报价某种商品每公斤100元人民币，客户回电要求改报美元价，那么我国出口商应报多少美元？计算方法如下。（假设当日汇率为USD/CNY＝7.188 4）

将USD/CNY折算为

$$CNY/USD=1/7.188\ 4=0.139\ 1$$

则商品的外币价格为

$$100×0.139\ 1=13.91（美元）$$

（二）外币/本币的买入价/卖出价——本币/外币的买入价/卖出价

已知1单位甲货币＝××乙货币的买入价/卖出价，求1单位乙货币＝××甲货币的买入价/卖出价。

计算方法：取倒数，并调换顺序。

想一想 为什么要调换顺序呢?

例 1-12

若中国香港外汇市场某日外汇牌价为 GBP/USD＝1.282 8/1.284 8,求 USD/GBP。

分析:按照"取倒数,并调换顺序"的方法,则

$$USD/GBP＝(1/1.284\ 8)/(1/1.282\ 8)＝0.778\ 3/0.779\ 5$$

二、汇率在进出口报价中的应用

在外汇市场上,通常是同时报出买入价和卖出价,而买入价和卖出价之间一般相差 1‰～3‰。进出口商如果在货价折算、对外报价与履行支付义务时考虑不周、计算不精或合同条款不明确,就会遭受损失。在运用汇率的买入价或卖出价时,应遵循以下原则。

(1)本币报价折算为外币报价,应用外币的买入价(即本折外,用买入)。

(2)外币报价折算为本币报价,应用外币的卖出价(即外折本,用卖出)。

(3)两种外币相折,以外汇市场所在国的货币视为本币。

说明:上述"用买入"指的是外币的买入价,"用卖出"指的是外币的卖出价。

例 1-13

中国香港出口商出口机床的底价为 10 万港元,现外国进口商要求用美元报价,即 10 万港元相当于多少美元?(假设当天汇率为 USD/HKD＝7.789 0/7.791 0)

分析:根据"本折外,用买入",即选择汇率 7.789 0,所以 10 万港元＝10 万÷7.789 0＝12 838.6 美元。

例 1-14

中国香港某出口商出口每套西服的底价为 100 美元,现外国进口商要求用港元报价,即 100 美元相当于多少港元?(假设当天汇率为 USD/HKD＝7.789 0/7.791 0)

分析:根据"外折本,用卖出",即选择汇率 7.791 0,所以 100 美元＝100×7.791 0 港元＝779.1 港元。

例 1-15

我国向英国出口商品,原报价商品单价为 1 万英镑,现英国进口商要求我方改用美元报价,请问我方应报价多少?

伦敦外汇市场汇率为 GBP1＝USD1.280 5/1.282 0。

纽约外汇市场汇率为 GBP1＝USD1.284 5/1.286 0。

分析:若按伦敦汇率折合,应将英镑视为本币,根据"本折外,用买入"的原则,1 万英镑＝10 000×1.282 0 美元＝12 820 美元。

若按纽约汇率折合,应将美元视为本币,根据"外折本,用卖出"的原则,1 万英镑＝10 000×1.286 0 美元＝12 860 美元。

三、进出口报价的权衡

在进口贸易中,如果一种商品有两种货币报价,那么选择哪种报价更为有利呢? 这需要使用如下方法进行权衡。

 例 1-16

我国某公司从法国进口商品,以欧元报价为每件 200 欧元,以美元报价为每件 220 美元。

思考:对我国进口商来讲,哪种报价更合适? 如何比较?

分析:

方法 1:将两种报价折成人民币进行比较。

若当日我国某银行外汇牌价为 EUR/CNY＝7.737 5/7.769 8,USD/CNY＝7.190 4/7.198 5。

将欧元报价折成人民币为

$$200 \text{ 欧元} = 200 \times 7.769 8 = 1\,553.96 \text{ 元人民币}$$

将美元报价折成人民币为

$$220 \text{ 美元} = 220 \times 7.198 5 = 1\,581.69 \text{ 元人民币}$$

所以以欧元报价更便宜一些。

方法 2:将两种货币折成同种货币进行比较。

若当天汇率为 EUR/USD＝1.280 5,则 200 欧元＝256.10 美元。

所以以欧元报价更便宜一些。

如果不考虑其他因素,我国进口商应接受欧元报价。

本章要点

1. 外汇交易的对象——外汇,包括外汇的概念,外汇交易以及交易中的外汇。

2. 外汇交易的价格——汇率,包括汇率的含义及标价方法,汇率上涨和下跌的含义及计算。

3. 汇率折算与进出口报价,包括汇率在进出口报价中的应用,进出口报价的权衡。

综合练习与实训

一、填空题

1. 在直接标价法下,外汇汇率升降与本币数量增减成_____比,与本币币值升降成_____比。

2. 在间接标价法下,外汇汇率升降与外币数量增减成_____比,与本币币值升降成_____比。

3. 在美国外汇汇率多数采用_____标价法,而美元对_____、_____等货币采用直接标价法。

4. 若1美元＝7.715 6港币,在美国属于_____标价法,在中国香港属于_____标价法,而在其他国家和地区属于_____标价法。

二、选择题

1. 在直接标价法下,外汇汇率上升,则本国货币(　　),二者成(　　)。

　　A. 升值　　　　　　B. 贬值　　　　　　C. 正比　　　　　　D. 反比

2. 在间接标价法下,本币汇率上升,则本国货币(　　),二者成(　　)。

　　A. 升值　　　　　　B. 贬值　　　　　　C. 正比　　　　　　D. 反比

3. 在直接标价法下本币升值,则兑换本币数量(　　),表示外汇汇率(　　)。

　　A. 增加　　　　　　B. 减少　　　　　　C. 上升　　　　　　D. 下降

4. 在间接标价法下本币升值,则兑换外币数量(　　),表示外汇汇率(　　)。

　　A. 增加　　　　　　B. 减少　　　　　　C. 上升　　　　　　D. 下降

三、计算题

1. 在中国香港,美元被作为关键货币,设某日汇率1美元＝7.825 6港元,同日纽约市场汇率1美元＝147.08日元。

问:美元在中国香港是哪一种标价法? 在纽约是哪一种标价法? 1港元兑换多少日元?

2. 某日我国外汇市场汇率1美元＝7.186 0元人民币,1澳元＝4.762 9元人民币。

求:1美元兑换多少澳元?

3. 已知1英镑＝1.733 4加元,1英镑＝9.240 5元人民币。

求:1加元等于多少元人民币?

4. 已知1英镑＝9.240 5元人民币,1美元＝7.186 0元人民币。

求:1英镑兑换多少美元?

5. 已知1美元＝0.877 7瑞士法郎,1英镑＝1.282 7美元。

求:1英镑兑换多少瑞士法郎?

四、分析题

1. 以下币种在不同国家分别是什么标价方法?

　　　　　　GBP1＝USD1.282 7(英国、美国)

　　　　　　USD1＝CNY7.186 0(美国、中国)

　　　　　　JPY100＝CNY4.890 0(中国、日本)

2. 某日我国某机械进出口公司从美国进口机械设备。美国出口商采用两种货币报价:美元报价单价为6 000美元,英镑报价为4 600英镑。

(1)查询当日人民币对美元和英镑的即期汇率是1美元＝7.186 0/7.189 0元人民币;1英镑＝9.240 0/9.245 0元人民币。

(2)若当日伦敦市场的即期汇率是1英镑＝1.284 0/1.286 0美元。

分析:我公司在以上两种条件下分别应接受哪种货币的报价?

3. 近年来,人民币升值的趋势越来越明显,请从宏观经济方面和微观经济方面阐述人民币升值对我国经济现在及未来发展的影响。

五、实训题

1. 假设你希望卖出瑞士法郎买入日元，已知市场信息如下：

	USD/CHF	USD/JPY
A 银行	0.894 7/57	147.75/05
B 银行	0.894 6/58	147.75/95
C 银行	0.894 5/56	147.70/90
D 银行	0.894 8/59	147.73/93
E 银行	0.894 9/60	147.76/85

请问：

(1) 你将从哪家银行卖出瑞士法郎买入美元？汇率为多少？

(2) 你将从哪家银行卖出美元买入日元？汇率为多少？

2. 查询近期美元兑人民币汇率，对比一年前的汇率，计算人民币与美元的升贬值幅度。

第二章

外汇市场

知识目标

1. 了解外汇市场及其发展情况和外汇市场的特点；
2. 了解外汇市场中的参与者和主要的国家外汇市场；
3. 了解我国外汇市场的基本特征。

技能目标

1. 掌握个人外汇买卖业务的基本操作方法；
2. 掌握个人外汇买卖业务的交易方式。

学习导航

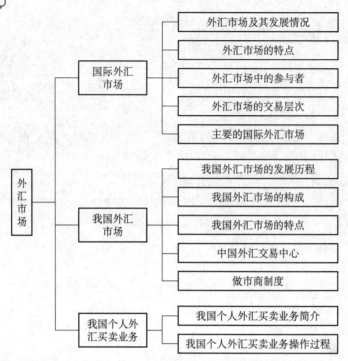

课前导读

纽约汇市：美元小涨，市场交投淡静

12月27日，美元兑一篮子货币周一维持在96.10附近窄幅震荡，尽管美联储本月转向强硬立场，政策制定者暗示将在2022年加息三次，幅度达25个基点。

圣诞及元旦假期期间，市场交投清淡。

部分投资者信心增强，认为全球经济将在明年重获动力，尽管疫情已促使美国航空公司因人手短缺而取消或推迟数千个航班，几艘游轮不得不取消停靠站。

美元指数小涨至96.081，在上月末触及的16个月高位附近徘徊。

欧元/美元上涨0.07%，报1.1325美元；美元/日元上扬0.40%，报114.83日元；欧元/日元报130.13日元，上扬0.43%。

英镑/美元上涨0.25%，报1.3437美元；美元/瑞郎下滑0.12%，报0.9172瑞郎；美元/加元下滑0.20%，报1.2783加元。

资料来源：文华财经，2021-12-27.

以上就是主要货币在纽约外汇市场的整体行情分析。看了以上分析，你是否会产生疑问：什么是外汇市场？外汇市场都有哪些交易可以进行？交易的目的是什么？影响外汇汇率变动的因素有哪些？本章将从外汇市场概念出发，讲述国际外汇市场的特点和参与者，对主要的国际外汇市场进行介绍，接着讲述我国外汇市场的特征和体系，以及个人外汇买卖的操作。

第一节 国际外汇市场

一、外汇市场及其发展情况

（一）什么是外汇市场

外汇市场（Foreign Exchange Market）是指从事外汇买卖的交易场所，或者说是各种不同货币相互之间进行交换的场所。

外汇市场是世界上最大的金融市场，据统计，纽约外汇市场美元的日交易额达数千亿美元，是纽约证券交易所日交易额的几十倍。在外汇市场上交易的货币主要是美元、英镑、瑞士法郎、日元、加拿大元等可自由兑换货币。

外汇市场是金融市场的重要组成部分，外汇市场之所以存在，主要有以下几个原因。

（1）贸易和投资的需要。

（2）投机的需要。

（3）对冲保值的需要。

（二）外汇市场的类型

外汇市场依据其发展程度、市场参与者、交易方式、交割时间和有无场所等可分为如下几种类型。

1. 地区性的和国际性的外汇市场

地区性的外汇市场是指外汇银行和当地居民进行交易的场所，其交易币种仅限于本国货币与世界上少数几个国际货币，交易量少，如泰国的曼谷外汇市场。

国际性的外汇市场是指外汇银行与境内外居民进行外汇交易的市场，交易币种包括各国的货币，交易量巨大，如纽约外汇市场、伦敦外汇市场。

2. 广义的和狭义的外汇市场

广义的外汇市场又称客户市场，是指银行与客户间的外汇买卖市场，主要以零星交易为主，交易量比较小。

狭义的外汇市场又称银行间市场，是指外汇银行为了轧平其外汇或资金头寸，从事外汇抛补交易或金融性交易的市场，是外汇市场的主流。

3. 大陆式和英美式外汇市场

大陆式外汇市场又称有形外汇市场，有固定的地点和固定的交易时间，集中交易，如法国巴黎和中国上海等外汇市场。

英美式外汇市场又称无形外汇市场，没有固定地点集中进行外汇交易，市场参与者可以在任何时间采取各种方式进行交易，如英国伦敦、中国香港等外汇市场。

这两者之间的异同如表 2-1 所示。

表 2-1　大陆式外汇市场与英美式外汇市场的异同

项　目	大　陆　式	英　美　式
交易地点	有具体的交易场所,一般设在证券交易所内部的外汇交易厅	没有具体的交易场所
交易时间	固定时间	没有固定的开盘或者收盘时间
交易方式	各银行的交易代表集中在交易厅内进行交易	买卖双方在安排成交时无须见面,通过连接银行和外汇经纪人的电话、电报、电传、计算机终端等进行
代表市场	欧洲大陆上的外汇市场(除瑞士、伦敦等)	伦敦、纽约、东京

4. 管制外汇市场和自由外汇市场

管制外汇市场是指政府对外汇的买卖、外汇资金出入国境以及汇率水平进行了严格规定的市场,如中国外汇市场。

自由外汇市场是指政府对外汇的买卖、外汇资金的出入国境以及汇率不进行任何限制的市场,目前发达国家的外汇市场属于这一类。

二、外汇市场的特点

近年来,外汇市场之所以能为越来越多的人青睐,成为国际上投资者的新宠儿,这与外汇市场自身的特点密切相关。

(一) 全天 24 小时交易

国际外汇市场从地理上可分为远东及中东、西欧和北美三大中心。全球各地区的外汇市场随地球自转,能够按照世界时区的差异相互衔接,从星期一到星期五,出现全球 24 小时不间断的连续市场。从格林尼治国际标准时间 GMT 22:00 开始,也就是北京 6:00 开始(见图 2-1),新西兰的惠灵顿、澳大利亚的悉尼相继开市,然后是日本的东京,中国香港、新加坡 10:00 开市,然后是中东地区的巴林开市,随后是巴黎、法兰克福、苏黎世,接着是伦敦,到北京时间 21:30,纽约开市,随后芝加哥、旧金山开市。

惠灵顿、悉尼、东京、中国香港、法兰克福、伦敦、纽约等地区的各大外汇市场紧密相连,为投资者提供了没有时间和空间障碍的理想投资场所。只有星期六、星期日以及各国的重大节日,外汇市场才关闭。

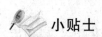 小贴士

国际重要汇市交易时间(北京时间)

惠灵顿 04:00—13:00;悉尼 06:00—15:00;东京 08:00—15:30;中国香港 10:00—17:00;法兰克福 14:30—23:00;伦敦 15:30—00:30;纽约 21:00—04:00。

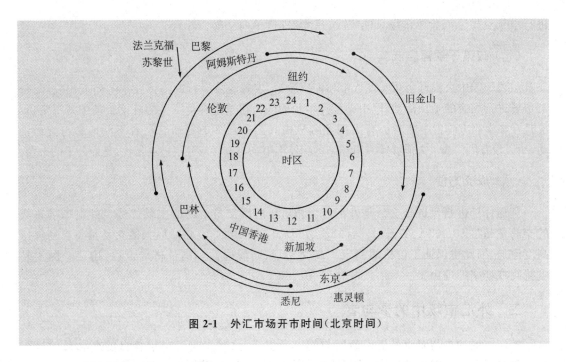

图 2-1　外汇市场开市时间（北京时间）

（二）成交量巨大

随着计算机及相关技术的不断发展，跨国资本流动加速，将亚、欧、美等州时区市场连成一片，外汇交易量从 20 世纪 80 年代中期的每天约 700 亿美元，猛升至今天的每天成交额超过 6.6 万亿美元。其规模已远远超过股票、期货等其他金融商品市场，财富转移的规模越来越大，速度也越来越快。

（三）有市无场

外汇买卖是通过没有统一操作市场的行商网络进行的，现代化通信设备和电子计算机大量应用于这个由信息流和资金流组成的无形市场。各国外汇市场之间已形成一个迅速、发达的通信网络，任何一地的外汇交易都可通过电话、计算机、手机等设备在全球连通的网络中进行，从而完成资金的划拨和转移。这种没有统一场地的外汇交易市场被称为"有市无场"。尽管外汇市场"有市无场"，但它具备信息公开，传递迅速的特点。

（四）零和游戏

在外汇市场上，汇价波动表示两种货币价值量的变化，也就是一种货币价值的减少与另一种货币价值的增加。因此有人形容外汇市场是"零和游戏"，更确切地说是财富的转移。

（五）交易成本低

外汇交易不收取佣金或手续费，只设定点差作为交易的成本，相对而言，成本较为低廉。

（六）双向交易

外汇市场操作可以进行双向交易，交易者可以先买后卖进行多头交易，也可以先卖后买进行空头交易。而股票市场只能"先买后卖"进行单向交易。

（七）政策干预程度低

虽说一国中央银行会从实现货币和汇率政策、宏观经济运行的整体要求等角度出发，对外汇市场进行相应的干预活动，但中央银行干预的能力在这个容量巨大的外汇市场中并不突出，况且在买卖双方阵营中随时都有大型金融机构和为数众多的普通交易者不断地参与交易活动，所以没有机构或个人能够操纵市场。国际外汇市场与期货或股票市场相比，是最公平的市场。

（八）成交方便

利用杠杆进行保证金交易是外汇市场相对于股票交易市场的主要优势。外汇市场每天的交易量超过 50 000 亿美元，是美国股票市场日交易量的 30 倍。巨大的交易量使市场保持高度流通，因此也保证了价格的稳定。高交易量、高流通性和高价格稳定性，这三个因素是支持高杠杆率的理由。

三、外汇市场中的参与者

外汇市场的参与者由外汇供给者与需求者组成，这些参与者出于各自的交易目的进行外汇买卖。参与者因目的不同，从而对外汇市场的影响也不同，以下我们逐一分析。

（一）中央银行

中央银行是外汇市场的特殊参与者，它是各国货币的供给者，是各国银行体系的管理者，也是外汇管制的执行者。

（二）外汇银行

外汇银行担当外汇买卖以及资金的融通、筹措、运用与调拨任务，是外汇市场的主体，90% 左右的外汇买卖业务是在外汇银行之间进行的。

外汇银行是经中央银行批准，可以从事外汇经营活动的商业银行和其他金融机构，其主要业务包括外汇买卖、汇兑、押汇、外汇存贷、外汇担保、咨询及信托等。

（三）外汇经纪人

外汇经纪人是专门介绍外汇买卖业务，促使买卖双方成交的中间人。

外汇经纪人分为两类：一类叫作一般经纪人，他们用自有资金参与买卖中介活动，并承担损益；另一类叫作跑街经纪人，俗称掮客，他们不参与外汇买卖活动，仅凭提供信息收取佣金，代客户买卖外汇。

（四）一般客户

一般客户是指外汇市场上除外汇银行之外的企业、机关、团体。他们是外汇的最初供应者和最终需求者，如从事进出口贸易的企业，进行跨国投资的企业和偿还外币负债的企业，以及需要汇款的个人等。一般客户的外汇买卖活动反映了外汇市场的实质性供求，尽管这部分交易在外汇市场交易中比例不大，但对一国国民经济却产生实际影响。

（五）外汇投机者

外汇投机者是通过预测汇率的涨跌趋势,利用某种货币汇率的时间差异,低买高卖,赚取投机利润的市场参与者。外汇投机者对外汇并没有真实的需求,如调整头寸或清偿债权债务,他们参与外汇买卖纯粹是为了寻找因市场障碍而可能利用的获利机会,这些机会是隐蔽的,难以被发现。

四、外汇市场的交易层次

外汇市场的参与者在市场中交易主要分三个层次进行,如图 2-2 所示。

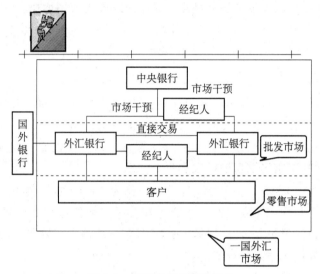

图 2-2 外汇市场的层次结构

1. 顾客与银行间的外汇交易

顾客与银行间的外汇交易是指外汇银行与客户之间的外汇交易。其交易额相对于银行同业间的交易额而言比较小,故又称为零售外汇交易。

2. 银行同业间的外汇交易

银行同业间的外汇交易是指外汇银行与外汇银行之间进行的外汇交易,因其交易额大,又称批发外汇交易。在外汇市场上,银行同业间的外汇交易量通常占总交易量的 90% 以上。外汇银行参与同业间外汇买卖的目的有两个:弥补与顾客外汇交易而产生的买卖差额;进行套利、套汇、投机等营利性外汇交易。

3. 中央银行与外汇银行之间的外汇交易

中央银行出于管理的需要而干预外汇市场,其干预目的主要通过直接与外汇银行进行外汇交易而实现,有时也通过外汇经纪人从中撮合而进行。

五、主要的国际外汇市场

国际外汇市场是由各国际金融中心的外汇市场构成的,这是一个庞大的体系。目前,世界上有 30 多个主要的外汇市场,它们遍布于世界各大洲的不同国家和地区并相互联系,形成了全球统一的外汇市场。根据传统的地域划分,可将外汇市场分为亚洲、欧洲、北美洲三大部分,其中,最重要的外汇市场有伦敦、纽约、中国香港、新加坡、东京、法兰克福、苏黎世、巴黎、洛杉矶、悉尼等。另外,一些新兴的区域性外汇市场如迪拜、开罗和巴林等,也大量涌现,并逐渐走向成熟。这些外汇市场各具特色,分别位于不同的国家和地区。

国际清算银行(BIS)每 3 年进行一次调查,根据 2019 年外汇市场调查结果显示,外汇交易仍然集中在全球主要金融中心,伦敦、纽约、中国香港、新加坡和东京这五个金融中心的交易量占全球外汇交易量的 79.4%。其中,英国的外汇交易占比上升了 6 个百分点,占全球外汇交易总量的 43.1%,美国的交易量占比从 2016 年的 19.5%降至 16.5%,新加坡和日本的交易量增长相对较慢,中国香港的交易量增速高于全球外汇市场增速。

中国境内外汇市场交易量大幅增长至日均 1 360.2 亿美元,较 2016 年增长了 86.8%,成为全球第八大外汇交易中心(2016 年 4 月排名第 13 位)。

1. 伦敦外汇市场

伦敦外汇市场是一个典型的无形市场,没有固定的交易场所,通过电话、电传、电报完成外汇交易。在伦敦外汇市场上,参与外汇交易的外汇银行机构约有 600 家,包括本国的清算银行、商业银行、其他商业银行、贴现公司和外国银行。这些外汇银行组成了伦敦外汇银行公会,负责制定参加外汇市场交易的规则和收费标准。

在伦敦外汇市场上,有 250 多个指定经营商。作为外汇经纪人,他们与外币存款经纪人共同组成外汇经纪人与外币存款经纪人协会。在英国实行外汇管制期间,外汇银行间的外汇交易一般都通过外汇经纪人进行。1979 年 10 月英国取消外汇管制后,外汇银行间的外汇交易就不一定通过外汇经纪人进行了。

伦敦外汇市场的外汇交易分为即期交易和远期交易;汇率报价采用间接标价法;交易货币种类众多,经常有三四十种,最多时超 80 种;交易处理速度很快,工作效率高。伦敦外汇市场上外币套汇业务十分活跃,自从欧洲货币市场发展以来,伦敦外汇市场上的外汇买卖与欧洲货币的存放有着密切联系。欧洲投资银行积极地在伦敦市场发行大量外国债券,使伦敦外汇市场的国际性地位更加突出。

2. 纽约外汇市场

纽约外汇市场不仅是美国外汇业务的中心,也是世界上最重要的国际外汇市场之一,还是全球美元交易的清算中心,从其每日的交易量来看,居世界第二位。纽约外汇市场也是一个无形市场,外汇交易通过现代化通信网络与电子计算机进行,其货币结算都可通过纽约地区银行同业清算系统和联邦储备银行支付系统进行。

由于美国没有外汇管制,对经营外汇业务没有限制,政府也不指定专门的外汇银行,所以几乎所有的美国银行和金融机构都可以经营外汇业务。但纽约外汇市场的参加者以商业银行为主,包括 50 余家美国银行和 200 多家外国银行在纽约的分支机构、代理行和代表处。

纽约外汇市场上的外汇交易分为三个层次:银行与客户间、本国银行间及本国银行与外国银行间。其中,银行同业间的外汇买卖大都通过外汇经纪人办理。纽约外汇市场有 8 家经纪商,虽然有些经纪商专门从事某种外汇的买卖,但大部分都同时从事多种货币的交易。

外汇经纪人的业务不受任何监督,其对安排的交易不承担任何经济责任,只是在每笔交易完成后向卖方收取佣金。

纽约外汇市场交易活跃,但与进出口贸易相关的外汇交易量较小,相当部分外汇交易与金融期货市场密切相关。美国的企业除了进行金融期货交易而同外汇市场发生关系,其他外汇业务较少。

纽约外汇市场是一个完全自由的外汇市场;汇率报价既采用直接标价法(对英镑、欧元等),又采用间接标价法(对其他国家货币),便于在世界范围内进行美元交易;交易货币主要是欧洲大陆、北美加拿大、中南美洲、远东日本等国的货币。

3. 中国香港外汇市场

中国香港外汇市场是20世纪70年代以后发展起来的国际性外汇市场。自1973年中国香港取消外汇管制后,国际资本大量流入,经营外汇业务的金融机构不断增加,外汇市场越来越活跃,发展成为国际性的外汇市场。中国香港外汇市场是一个无形市场,没有固定的交易场所,交易者通过各种现代化的通信设施和网络进行外汇交易。中国香港的地理位置和时区条件与新加坡相似,可以十分方便地与其他国际外汇市场进行交易。

香港外汇市场的参加者主要是商业银行和财务公司。该市场的外汇经纪人有三类:当地经纪人,其业务仅限于香港本地;国际经纪人,是20世纪70年代后将其业务扩展到香港的其他外汇市场的经纪人;香港本地成长起来的国际经纪人,即业务已扩展到其他外汇市场的香港经纪人。

20世纪70年代以前,香港外汇市场的交易以港币和英镑的兑换为主。20世纪70年代后,随着该市场的国际化,以及港币与英镑脱钩并与美元挂钩,美元成了该市场上交易的主要外币。香港外汇市场上的交易可以划分为两大类:一类是港币和外币的兑换,其中以同美元的兑换为主,另一类是美元兑换其他外币的交易。

4. 新加坡外汇市场

新加坡外汇市场是在20世纪70年代初亚洲美元市场成立后才成为国际外汇市场的。新加坡地处欧亚非三洲交通要道,时区优越,根据交易需要,可以一天24小时与世界各地区进行外汇买卖。例如,上午可与中国香港、东京、悉尼进行交易,中午还可与中东的巴林进行交易,下午可与伦敦、苏黎世、法兰克福等欧洲市场进行交易,晚上与纽约进行交易。新加坡外汇市场除了保持现代化通信网络,还直接同纽约清算所银行间支付系统(Clearing House Interbank Payment System,CHIPS)和欧洲的环球银行金融电信协会(Society for Worldwide Interbank Financial Telecommunications,SWIFT)系统连接,货币结算十分方便。

新加坡外汇市场的参加者由经营外汇业务的本国银行、经批准可经营外汇业务的外国银行和外汇经纪商组成。其中外资银行的资产、存放款业务和净收益都远远超过本国银行。

新加坡外汇市场是一个无形市场,大部分交易由外汇经纪人办理,并通过他们把新加坡和世界各金融中心联系起来;交易货币以美元为主,占交易总额的85%左右;大部分交易都是即期交易,掉期交易及远期交易合计占交易总额的1/3;汇率均以美元报价,非美元货币间的汇率通过套算求得。

5. 东京外汇市场

东京外汇市场是一个无形市场,交易者通过现代化通信设施进行交易,其交易量世界排名第三。在三大外汇市场中,东京外汇市场是每天第一个开业的市场。由于东京特殊的地理位置,其与伦敦、纽约外汇市场三分每天的交易时间,成为连接全球市场的关键一环。东京外汇市场的结构与伦敦、纽约外汇市场相似,也是由银行间的批发市场和银行与顾客间的零售市场组成的,其中银行间的批发市场是东京外汇市场的核心。银行间的批发市场由外汇银行、经纪人、日本中央银行构成。东京外汇市场是随着日本对外经济贸易的发展而发展起来的,是与日本金融自由化、国际化的进程相联系的。

在东京外汇市场上,银行同业间的外汇交易可以通过外汇经纪人进行,也可以直接进行。日本国内的企业、个人进行外汇交易必须通过外汇指定银行进行。汇率有两种:一是挂牌汇率,包括了利率风险、手续费等的汇率,每个营业日 10:00 左右,各家银行以银行间市场的实际汇率为基准各自挂牌,原则上同一营业日中不更改挂牌汇率;二是市场连动汇率,以银行间市场的实际汇率为基准标价。

第二节　我国外汇市场

一、我国外汇市场的发展历程

（一）第一阶段（1979—1994 年）：外汇调剂金融市场阶段

改革开放之后,我国在 1979 年正式实行外汇留成制度。外汇留成制度指的是,企业和居民账户所得的外汇收入一定要售卖给指定银行,然后企业会按照一定的比例留存外汇,剩下的外汇全部给国家。

（二）第二阶段（1994—2005 年）：银行间金融市场初级阶段

1994 年,外汇治理体制发生了重大变革,我国取消了外汇留成制度,转而实行结售汇制度。官方汇率从原来的 5.80 人民币/美元,贬值到了 8.70 人民币/美元,并且开始实行单一的有治理浮动汇率制,利用金融市场机制调节汇率。之后我国关闭了外汇调剂中心,外商金融理财企业的外汇投资交易全部归属银行结售汇体系。

（三）第三阶段（2005—2015 年）：银行间金融市场发展阶段

2005 年 7 月,人民币汇率制度发生了重大变革,根据《关于完善人民币汇率形成机制变革的公告》,我国实行以金融市场供求为基础,按照"一篮子货币"举行调节、有治理的浮动汇率制度。对外汇金融企业来说,该制度进一步提升了其投资交易外汇的自由度,监管当局不断放宽条件,企业可以自主保留和运用外汇资金。

（四）第四阶段（2015 年至今）：人民币全球化背景下的发展新阶段

在人民币全球化的时代背景下,外汇金融市场进一步发展,人民币全球化的目的在于让人民币成为可以跨越国界,被全球普遍认可的计价、结算及储备的世界货币。完善和健全我国外汇金融市场,可以大大促进人民币全球化。

二、我国外汇市场的构成

传统上的外汇市场分为批发市场和零售市场。在我国,机构和个人在零售市场上通过外汇指定银行买卖外汇,而银行、非银行金融机构及非金融企业经批准成为银行间外汇市场的会员,进入批发市场交易。中国外汇交易中心作为中介组织,依托电子交易系统和信息系统,为银行间外汇市场提供交易、信息、监管三大平台及相应的服务。从结构上看,我国外汇市场可分为三个层次。

(一)零售市场

零售市场即客户与外汇指定银行之间的市场。1996年7月1日前,为了保持对外商投资企业政策的连续性,我国保留了过去的外汇调剂中心的做法,专门为外商投资企业提供外汇调剂服务。外商投资企业买卖外汇的价格按当日中国人民银行公布的外汇牌价(中间价),加收0.15%的手续费,不实行价差的办法。可以说,外汇调剂市场也是统一外汇市场的一个组成部分。1996年7月1日实行外商投资企业银行结售汇以后,外商投资企业结售汇既可到银行办理,也可到外汇调剂市场办理外汇买卖。到1998年12月1日,外汇调剂业务停办,外商投资企业结售汇均到外汇指定银行办理。

(二)批发市场

批发市场即银行间外汇市场。外汇指定银行在办理结售汇业务的过程中,会出现买超或卖超的现象,这时,外汇指定银行就可以通过银行间外汇市场进行外汇交易,平衡其外汇头寸。

(三)中央银行与外汇指定银行间的市场

中央银行与外汇指定银行间的市场,主要是中央银行可以适时以普通会员的身份入市,进行市场干预,调节外汇供求,保持汇率相对稳定,这是中国人民银行对外汇市场进行调控和治理的有效途径。凡在中国境内营业的金融机构,它们之间的外汇交易均应通过银行间外汇市场进行。

三、我国外汇市场的特点

1994年1月1日我国对外汇治理体制进行了改革,外汇交易市场无论从结构、组织形式、交易方式还是交易内容上都与国际规范化的外汇市场更加接近。我国外汇市场有以下几个特点。

(1)运用现代化的通信网络和电子计算机联网为各金融机构提供外汇交易与清算服务。在交易方式和内容上,实行联网交易。

(2)外汇市场的结构层次可归为两大类:一类是客户与外汇指定银行之间的交易;另一类是银行间的外汇交易,包括外汇指定银行之间的交易和外汇指定银行与中央银行之间的交易。

(3)决定市场汇率的基础是外汇市场的供求情况。中国人民银行每日公布基准汇率,各外汇指定银行在规定的浮动范围内自行决定挂牌汇率,汇率浮动范围在0.25%以内。

(4)中国人民银行对外汇市场进行宏观调控和治理。中央银行主要运用货币政策进行干预。

此外，我国外汇市场上存在两大板块，即人民币兑外汇市场和外币兑外币市场。

人民币兑外币市场由于涉及人民币业务，对国内经济的冲击较大，因此存在许多的交易限制。例如，目前只能从事人民币兑美元、港币、日元的即期交易；交易限制多等。

外币兑外币市场的参与者不仅包含企业，还包含持有外汇的居民个人，市场发展得较为完善。随着开放型经济的发展，我国国内外汇市场融入国际外汇市场是必然的趋势，两大板块合二为一也是必然的趋势。

 阅读拓展

国家外汇管理局公布2021年12月中国外汇市场交易概况数据

国家外汇管理局统计数据显示，2021年12月，中国外汇市场（不含外币对市场，下同）总计成交24.11万亿元人民币（等值3.79万亿美元）。其中，银行对客户市场成交3.65万亿元人民币（等值0.57万亿美元），银行间市场成交20.47万亿元人民币（等值3.21万亿美元）；即期市场累计成交8.45万亿元人民币（等值1.33万亿美元），衍生品市场累计成交15.67万亿元人民币（等值2.46万亿美元）。

2021年1—12月，中国外汇市场累计成交237.79万亿元人民币（等值36.87万亿美元）。

资料来源：国家外汇管理局，2022-01-28.

知识链接 2-1
2022 年 1 月外汇市场运行总体延续平稳态势

四、中国外汇交易中心

1994年4月，全国统一的银行间外汇市场即中国外汇交易中心在上海成立并运营，主要职能是为各外汇指定银行提供结售汇头寸平补服务。目前，该中心已成为银行间人民币外汇市场的交易主平台和定价中心。其中，中国外汇交易中心的会员和做市商是银行间即期外汇市场的主要参与者。

近年来，伴随着人民币汇率形成机制的不断完善，外汇市场的发展开始提速并取得显著进展。交易量不断扩大，价格双向波动幅度逐渐增加，截至2022年2月10日，中国外汇交易中心数据显示，人民币外汇即期会员746家，外币对即期会员238家，人民币外汇做市商25家；人民币外汇远期会员271家，外币对远期会员187家，外币对做市商26家，外币对掉期会员181家，外币对期权会员102家，人民币外汇掉期会员267家，人民币外汇期权会员161家。

交易中心以电子交易和声讯经纪等多种方式，为银行间外汇市场、人民币拆借市场和债券市场，提供交易、清算、信息和监管等服务，在保证人民币汇率稳定、传导中央银行货币政策、服务金融机构和监管市场运行等方面发挥了重要的作用。

 阅读拓展

中国外汇交易中心会员的基本条件和入市流程

我国外汇市场实行会员制，会员包含符合要求的银行、非银行金融机构和非金融企业等，入市的基本条件如表2-2所示。

表 2-2 我国外汇市场入市基本条件

外汇市场			入 市 条 件
人民币外汇市场	即期	银行	外汇业务经营权 结售汇业务经营许可证明
		非银行金融机构	外汇业务经营权 结售汇业务经营许可证明 注册资本金要求 从事外汇交易的专业人员（2 名以上） 两年内没有重大违反外汇经营管理法规的行为
		非金融企业	上年度经常项目或货物贸易进出口额规模达到要求 从事外汇交易的专业人员（2 名以上） 两年内没有重大违反外汇经营管理法规的行为
	远期		即期市场会员 金融衍出产品交易业务资格 非金融企业须经外汇局批准
	掉期		取得远期会员资格 6 个月后自动获得
外币对市场			经批准可以从事外汇买卖业务的金融机构

具备基本条件的机构可以向交易中心提出入市申请,流程如下。

(1) 向交易中心提出申请,提交相关表格和材料。

(2) 交易中心审批(或报外汇局备案)。

(3) 经审核符合入市要求的机构,由交易中心批准其成为外汇市场会员,同时发布市场公告。

(4) 签署相关协议。

(5) 收到批准文件后,会员应指派交易员参加交易中心组织的培训。交易员参加培训时须提交登记表。培训合格的交易员,交易中心将颁发资格证书。

(6) 申请与交易系统连接的专线,准备交易终端所需的软硬件。

(7) 申领数字证书。

资料来源:中国外汇交易中心,2022-02-10.

五、做市商制度

(一) 什么是做市商制度

做市商制度是不同于竞价交易方式的一种交易制度,一般为柜台交易市场所采用。做市商是指在金融市场上,由具备一定实力和信誉的经营法人作为特许交易商,不断向公众投资者报出某些特定金融产品的买卖价格,双向报价并在该价位上接受公众投资者的买卖要求,以其自有资金同投资者进行交易。做市商通过这种不断买卖来维持市场的流动性,满足公众投资者的投资需求,做市商通过买卖报价的适当差额来补偿所提供服务的成本费用,并实现一定的利润。

外汇做市商与证券市场的做市商一样,其最大功能和作用就是活跃外汇交易,提高外汇市场的流动性，主要有以下三个方面的原因。

（1）外汇做市商不断向市场报出某种外汇的买卖价格，并对外汇市场的其他参与者在自己所报价位上的买卖指令不予拒绝，缩短了外汇市场参与者等待交易的时间成本，使单位交易量增加。

（2）外汇做市商之间的竞争性报价对外汇市场其他参与者具有很大的吸引力，这种参与增加了市场交易量，从而提高市场的流动性。

（3）外汇做市商通过信用交易活跃市场。充当做市商的商业银行不是仅靠其自有资金囤积大量外汇头寸等待其他市场参与者询价交易，而是在不断买卖中保持一定的外汇库存。但有时也会发生因头寸不足而难以满足交易者的购买需求，或因资金不足而难以满足交易者出售需求的情况。因此，成熟的做市商制度必须允许信用交易，这种信用交易机制在某种程度上增加了外汇市场的虚假供求，这自然增加了外汇市场的流动性。

由于外汇做市商需用自有资金为卖而买以及为买而卖的方式连接外汇市场的买卖双方，组织市场交易活动，为外汇创造出转手交易的市场，所以做市商又被称为"市场创造者"。

（二）中国外汇市场引进做市商制度

中国 2002 年的银行间外汇市场，在欧元和港币交易中进行了做市商制度的试点。2005年 5 月，做市商交易制度扩大到 8 种外国货币对的交易中，并有 9 家做市商被指定负责安排上述交易。首批获得批准的做市商包括 7 家外资银行和 2 家中资银行：汇丰银行、花旗银行、荷兰银行、荷兰商业银行、苏格兰皇家银行、德意志银行、蒙特利尔银行、中国银行和中信实业银行。

银行间市场引入做市商，意味着央行将从这个最重要的市场上逐步"隐退"，将其控制权拱手让与市场。国家外汇管理局有关负责人表示，正式引入做市商制度是进一步发展银行间外汇市场，完善人民币汇率形成机制的配套举措，有利于活跃外汇市场交易，提高外汇市场流动性，增强中央银行调控的灵活性，进一步提高人民币汇率形成的市场化程度。

做市商制度的建立意味着央行进一步将外汇市场的自主定价权下放给商业银行，在这种情况下，商业银行报出的美元兑人民币的现钞买入价将更加真实反映市场对人民币的需求。低报价同时也能打击投机套利行为。与有过多行政色彩的央行相比，充当做市商的商业性银行在指定买入卖出价格时，无疑需要多方面考虑其外汇头寸、资金成本等因素，这意味着在人民币兑美元市场上，"市场"将取代"政策"成为汇率定价的主导，甚至是决定性要素。

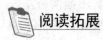 **阅读拓展**

完善银行间外汇市场做市商制度

为促进外汇市场可持续发展，国家外汇管理局近日发布《国家外汇管理局关于修订〈银行间外汇市场做市商指引〉的通知》，进一步完善银行间外汇市场做市商制度。

据了解,此次《银行间外汇市场做市商指引》修订主要遵循动态竞争、奖优罚劣、规模稳定、标准透明、公开公平的原则,修订主要涉及优化做市商结构、简政放权、规范做市交易行为、强调做市商责任等方面内容。

完善做市商制度对银行间外汇市场发展有什么影响?国家外汇管理局副局长、新闻发言人王春英认为,一方面,市场结构将更加合理。银行间外汇市场将在延续"做市商—尝试做市机构—普通机构"竞争性三级分层体系的基础上并实现结构优化。第一层为类型多样、做市能力较强的综合做市商。根据当前外汇市场发展情况,现阶段做市商数量暂定 25 家,未来将根据外汇市场发展情况进行适当调整。第二层为数量较多、比较活跃的分产品尝试做市机构。第三层为数量众多的普通机构。另一方面,市场流动性将更加充分。优化做市商结构、扩充做市力量、规范做市交易行为等措施的实施,将有利于进一步提升做市商报价质量和流动性供应水平。

知识链接 2-2

银行间外汇市场做
市商名单和相关条例

资料来源:经济日报,2021-01-08.

第三节 我国个人外汇买卖业务

一、我国个人外汇买卖业务简介

2000 年以来,我国内地银行业务不断创新,可买卖币种增加,服务方式更加便捷和多元化,这使国内的个人外汇买卖业务日益火爆起来。据统计,目前我国个人外币持有量已达 1 600 余亿元。而过去大多数居民只是把外汇存到银行,即外汇储蓄存款,由于时间、经验、技术和手段等方面的原因,很少有人想到从事个人外汇买卖投资活动。传统的外汇储蓄业务是一种存取性业务,以赚取利息为目的;个人外汇买卖是一种主动性的买卖业务,以赚取汇率差额为主要目的,同时客户还可以通过该业务把自己持有的外币转为更有升值潜力或利息较高的外币,以赚取汇率波动的差价或更高的利息收入,使手中的外币增值。

我国银行的个人外汇买卖业务,是指银行接受境内个人客户的委托,参照国际金融市场现时汇率,把一种外币兑换成另一种外币业务。凡是具有完全民事行为能力,在外汇指定银行的个人外汇交易制定的营业网点开立个人外币存款账户,或者持有外币现钞的境内居民,均可以在银行办理个人外汇买卖业务。

个人外汇交易按照是否使用银行提供的资金,可以分为个人实盘外汇买卖和个人虚盘外汇买卖两种。个人实盘外汇买卖,是指个人客户通过柜台服务或其他金融电子服务方式进行的不可透支的可自由兑换外汇(外币)的交易,即客户在交易时必须持有足够金额的可卖出的外币,银行不垫付资金,买卖结束后必须进行实际交割。个人虚盘外汇买卖,也称按金交易、外汇保证金交易,是指个人在银行缴纳一定的保证金后进行的交易额可以放大若干倍的外汇(外币)交易,在此种交易中银行要垫付资金。

我国个人外汇买卖始于1994年初,交通银行首先在上海推出了一种名叫"外汇宝"的业务,也就是个人实盘外汇买卖业务。目前,中国银行、中国工商银行、中国建设银行、中国交通银行、中国农业银行、中国招商银行、中国光大银行、上海浦东发展银行等纷纷推出了自己的个人外汇买卖业务。持有效身份证件,拥有完全民事行为能力的境内居民,以及具有一定金额外汇或外币的个人,均可进行个人外汇买卖业务。

随着我国居民个人外汇存款的大幅增长,以及新交易方式的引进和投资环境的变化,个人外汇买卖业务迅速发展,目前已经成为除股票以外最大的投资市场。

从事个人外汇买卖,就是根据交易者对外汇市场行情的判断,买入一种将升值的货币,或者卖出将贬值的货币,在货币的升值、贬值真正发生以后,再买回原货币,或者也可以接着购买交易者认为将升值的货币,通过赚取货币升贬值的价差,获取可观的利润,实现保值、套汇和套利的目的。

各个银行根据自己业务的特点,向客户提供的可交易的货币种类有多有少,即便同一个银行系统,其各个分行提供的交易货币种类也略有不同,但基本上都包括美元、欧元、日元、英镑、港元、新加坡元、加拿大元。客户如果需要对个人外汇买卖交易货币之外的货币进行兑换,个人外汇买卖柜台是不受理的。客户可以到银行兑换柜台,通过外币与人民币汇率进行套算。

如果客户手中只有人民币,没有外币,就不可以进行个人实盘外汇买卖,因为我国个人实盘外汇买卖就是外币与外币之间的买卖,而人民币不是完全可自由兑换的货币,因此,人民币不可以进行个人实盘外汇交易。

二、我国个人外汇买卖业务操作过程

（一）个人外汇买卖的目的及操作方法

个人实盘外汇买卖是目前为止国内最有效的个人外汇资产保值、增值的金融工具之一,是继股票、债券后又一金融投资热点,许多大中城市投资者参与"炒汇"已经相当普遍。个人外汇买卖的目的及操作方法如下。

1. 保值

投资者可以通过不同的外币组合,规避汇率风险,达到保值的目的,卖出看跌的货币,买入看涨的货币,即投资于将升值的货币。例如,某客户手中持有的货币是美元,他担心未来美元币值会下跌,于是他就卖出一部分美元,买入日元、欧元、瑞士法郎、英镑等其他外币,以规避外汇风险,等美元币值稳定以后再换回美元。

2. 套汇

套汇的基本原则是买低卖高。投资者利用国际金融市场上外汇汇率的频繁波动,买低卖高,赚取汇差收益。以"9·11"事件为例,2001年1月,1美元兑104日元;"9·11"事件前,1美元兑120日元;"9·11"事件后,1美元兑116日元,当年12月底,1美元兑134日元,即同一年的1—12月,美元兑日元从104日元涨到134日元。假如某人手中持有104万日元,在当年 1 月买入 1 万美元,至同年 12 月再卖出 1 万美元,可以获取 30 万日元的汇差收益。

3. 套利

套利即投资者将存款利率较低的外币兑换成利率较高的外币,以获取更高的利息收益。例如,2020 年初,一年期日元存款利息率为 0.012 5%,美元为 5.437 5%,沿用刚才的例子,如果投资者把 104 万日元存在银行,一年后只能获得 0.0125% 的利息收入,如果把日元兑换成美元存入银行 1 年,可多获利差收益 5.425 0%(5.437 5%0.012 5%),这是套利的典型做法。

4. 套利、套汇相结合

到底选择套汇还是套利,要进行比较之后作决定。

(1)若投资的货币将升值,利率较高,其投资收益=汇差+利差,可以选择套汇套利。

(2)若投资的货币将升值,但利率较低,在这种情况下,若利差的幅度小于升值的幅度,投资者可以选择套汇获利;而在汇率波动过小而利率差异又较大的情况下,套汇的收益相对较低或无收益。

(3)若投资的货币升值,利差又大于升值的幅度,那么套汇无利可图,应该选择套利才有收益。

5. 外汇储蓄与外汇买卖相结合

通过分析研判,选择预期升值的货币或利率较高的外币,再进行储蓄存款。

(二)个人外汇买卖的交易方式

1. 柜台交易

柜台交易是客户在银行柜台办理外汇买卖业务的交易方式。其具体步骤如下。

(1)客户在银行营业网点柜台领取个人外汇买卖业务申请表,填写姓名、日期、有效身份证件号码、地址、户名、账号、存单号、买卖外币的币种、金额、认可的汇率等内容。填写完毕,连同本人身份证件、外币现金、存折或存单交柜台经办员审核清点。

(2)柜台经办员审核无误,据此填写外汇买卖证实书,并交给客户确认签字,成交汇率以该证实书上的汇率为准,客户签字后即视为成交,成交后该笔交易不得撤销。

(3)经复核员复核无误后,经办员将确认书、身份证件、客户的存折或剩余的现金交给客户。柜台交易时间仅限银行正常工作日的营业时间。

柜台交易流程如图 2-3 所示。

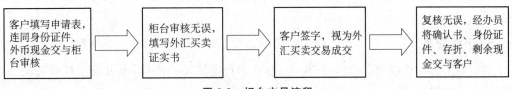

图 2-3 柜台交易流程

2. 自助终端交易

自助终端交易是指客户通过银行提供的自助终端机进行个人外汇买卖交易的方式。

（1）客户持有效身份证件到银行网点提出申请，填好有关申请表并签署协议，开立账户并存入一定金额的外币，自行输入密码后，自助交易账户就开通了。

（2）客户借助银行网点的自助终端设备，输入正确的密码后，按照交易终端的提示，单击屏幕菜单或输入数字，可以实现查询汇率牌价和行情走势、完成即时交易、打印成交对账单、补登存折等业务。自助终端交易流程如图 2-4 所示。

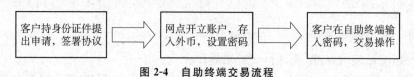

图 2-4　自助终端交易流程

3. 电话交易

电话交易是指个人客户在银行规定的交易时间内，使用音频电话，按规定的操作方法自行按键操作，通过银行的个人外汇买卖电话交易系统，进行个人外汇买卖的交易方式。

（1）客户须先持有效身份证件到银行开立个人外汇买卖电话交易专用账户。仔细阅读电话委托交易规程和操作说明，将填写好的电话交易申请表或委托书、身份证件、开户外币资金、存折交柜台，并设定电话委托的专用密码。

（2）客户按照各个银行的交易规程和电话语音提示进行交易操作。

（3）电话交易完成后，客户可以通过电话或传真查询证实，成交后该笔交易不得撤销。

电话交易流程如图 2-5 所示。

图 2-5　电话交易流程

4. 网上交易

网上交易是指客户借助个人计算机，登录银行网站，按照页面提示进行外汇买卖交易。

（1）客户到银行开立账户并申请开通网上交易。

（2）客户借助个人计算机和互联网登录银行网站（如登录中国工商银行网站），进行个人外汇买卖即时或委托交易，并可以查询外币存款余额、交易情况、资金划拨、行情和证实交易。

5. 手机交易

客户购买移动或联通公司的 STK 卡后，在银行完成签约手续，即可通过目前市场上常见型号的手机进行个人外汇买卖交易及查询（按短信息收费）。

个人外汇买卖交易方式流程总结如图 2-6 所示。

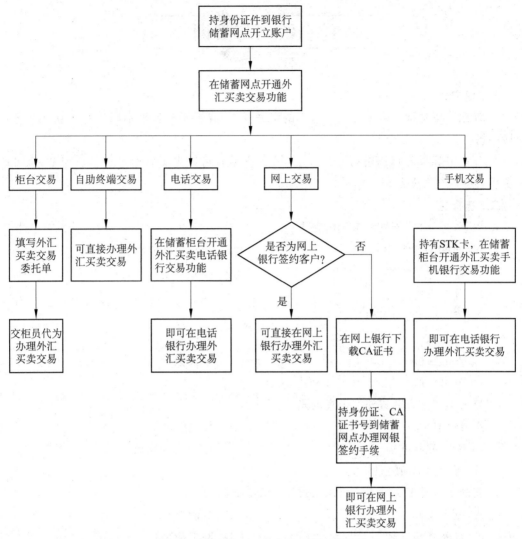

图 2-6　个人外汇买卖交易方式流程总结

 本章要点

1. 外汇市场是世界上最大的金融交易市场,是针对不同货币的买卖双方,通过电话、电传、电报以及其他电子交易系统等方式,得以相互买卖,最终成交的场所或者交易网络。

2. 外汇市场参与者主要有中央银行、外汇银行、外汇经纪商和外汇投机者等。

3. 国际主要外汇市场有伦敦外汇市场、纽约外汇市场、巴黎外汇市场、瑞士外汇市场、东京外汇市场和中国香港外汇市场。

4. 与国外成熟的外汇市场相比,中国内地外汇市场还有一定差距。目前国内银行纷纷推出了自己的个人外汇买卖业务。持有效身份证件,拥有完全民事行为能力的境内居民个人,具有一定金额外汇或外币的均可进行个人外汇买卖业务。

综合练习与实训

一、填空题

1. 外汇市场是指从事_____的交易场所，或者说是各种不同货币相互之间进行交换的场所。

2. 外汇市场操作可以进行_____，交易者可以先买后卖进行多头交易，也可以先卖后买进行空头交易。

二、选择题

1. 以下（　　）属于外汇市场的特点。

    A. 时间的连续性   B. 交易的高成本性

    C. 数量的巨大性   D. 零和市场

    E. 有形市场

2. 外汇市场的参与者包括（　　）。

    A. 经纪人   B. 客户

    C. 外汇银行   D. 中央银行

    E. 进出口商

3. 以下不属于大陆式外汇市场的是（　　）。

    A. 法国巴黎   B. 英国伦敦

    C. 瑞士苏黎世   D. 德国法兰克福

    E. 荷兰阿姆斯特丹

4. 我国个人外汇买卖方式可以通过（　　）方式进行。

    A. 柜台交易   B. 电话交易

    C. 自助终端交易   D. 网上交易

5. 电话交易需要在（　　）开立交易账户，并通过（　　）进行交易操作。

    A. 柜台，柜台   B. 电话，电话

    C. 电话，柜台   D. 柜台，电话

三、案例分析题

外汇交易员的一天

22:00

伦敦某银行外汇交易员 A 度过了繁忙的一天，由于预测日元看涨，交易员 A 持有美元对日元的空头头寸 1 000 万美元，平均成本为 USD/JPY＝123.50。由于市场汇率变化波幅大，交易员 A 通过国际分支网络发出止损令，止损价位为 125.50。

00:30

交易员 A 接到香港分行的电话，美元兑日元汇率突破了 124.50①，交易员 A 没有进一步行动的指示。

01:30

东京分行来电话,美元兑日元汇率突破了125.00,直逼125.5的止损位,但东京外汇交易员认为美元是技术性反弹,美元还是看跌,建议交易员A将止损位提高到126.00②。之后警报解除,一夜无事。

06:30

交易员A的便携式路透机显示最新消息,美元利率下调,传闻得到证实,美元对日元汇率急剧下跌到122.00。于是交易员A决定将止赢价位调到122.50,以便保全部利润,并发出在121.50获取利润的指令③。

07:30

美元对日元已跌破121.50,东京分行已执行了交易员A的获利指令。交易员A以一个良好的赢利为开端开始了新一天的工作。

08:00

欧洲开市,美元跌到120.45/65,交易员A认为美元将会反弹,遂打算建仓,以50/70价格报出,结果以50点价格买进了1 000万美元。

08:30

欧洲市场抛盘汹涌,美元跌到120.00,交易员A为降低成本,又在此价位买进了1 000万美元,此时平均价为120.25。

11:00—11:30

美元一路下跌,已到119.25,交易员A的2 000万美元多头寸已被深度套牢,但交易员A认为美元在118.85上会有一个有力的支撑,遂在118.00的价位上又买进1 000万美元,此时,交易员A已持有3 000万美元,平均价格为119.50。

13:00

美元反弹到119.50,交易员A决定卖掉500万美元,使其头寸降到2 500万美元,平均价格为119.50。交易员A此时不赔不赚。

14:00—14:30

天大的好消息,日本银行宣布下调贴现率,美元加速反弹到120.00,交易员A又在此价位卖掉1 000万美元,平均价为119.17。今天以来,交易员A首次实现账面赢利1 245万日元。

15:00

传闻日本央行已决定对外汇市场进行干预,把美元推高,市场一片混乱。

15:45

美元兑日元汇率涨到121.35,交易员A卖出了最后1 500万美元,净赚了3 270万日元。加上昨天晚上的赢利,一整天的交易赚了5 270万日元,折合美元约43.43万美元。真是美妙的一天!

问题:

1. 在①标记处,A账面损失为多少?

2. 在②标记处,A账面损失为多少?如果汇率突破新的止损位,交易员A账面损失将达到多少?

3. 在③标记处122.50止赢,交易员A赢利多少?如在121.5处执行获利指令,交易员A将赢利多少?

四、简答题

1. 简述外汇市场的含义和特点。
2. 简述世界主要外汇市场的概况。
3. 我国个人外汇买卖操作的方法有哪些？

五、阅读与思考

阅读材料1：中国外汇市场引进做市商制度

2002年，中国在银行间外汇市场上，在欧元和港币交易中进行了做市商制度的试点。2005年5月，做市商交易制度扩大到8种外国货币对的交易中，并有9家做市商被指定负责安排上述交易。首批获得批准的做市商包括7家外资银行和2家中资银行：汇丰银行、花旗银行、荷兰银行、荷兰商业银行、苏格兰皇家银行、德意志银行、蒙特利尔银行、中国银行和中信实业银行。

银行间市场引入做市商，意味着央行将从这个最重要的市场上逐步"隐退"，将其控制权拱手让与市场。国家外汇管理局有关负责人表示，正式引入做市商制度是进一步发展银行间外汇市场、完善人民币汇率形成机制的配套举措，有利于活跃外汇市场交易，提高外汇市场流动性，增强中央银行调控的灵活性，进一步提高人民币汇率形成的市场化程度。

做市商制度的建立意味着央行进一步将外汇市场的自主定价权下放给商业银行，在这种情况下，商业银行报出的美元兑人民币的现钞买入价将更加真实反映市场对人民币的需求。低报价同时也能打击投机套利行为。与有过多行政色彩的央行相比，充当做市商的商业性银行在指定买入卖出价格时，无疑需要多方面考虑其外汇头寸、资金成本等因素，这意味着在人民币兑美元市场上，"市场"将取代"政策"成为汇率定价的主导，甚至是决定性要素。

阅读材料2：完善银行间外汇市场做市商制度

为促进外汇市场可持续发展，国家外汇管理局近日发布《国家外汇管理局关于修订〈银行间外汇市场做市商指引〉的通知》，进一步完善银行间外汇市场做市商制度。

据了解，此次修订主要遵循动态竞争、奖优罚劣、规模稳定、标准透明、公开公平的原则，修订主要涉及优化做市商结构、简政放权、规范做市交易行为、强调做市商责任等方面内容。

完善做市商制度对银行间外汇市场发展有什么影响？国家外汇管理局副局长、新闻发言人王春英认为，一方面，市场结构将更加合理。银行间外汇市场将在延续"做市商—尝试做市机构—普通机构"竞争性三级分层体系的基础上并实现结构优化。第一层为类型多样、做市能力较强的综合做市商。根据当前外汇市场发展情况，现阶段做市商数量暂定25家，未来将根据外汇市场发展情况进行适当调整。第二层为数量较多、比较活跃的分产品尝试做市机构。第三层为数量众多的普通机构。另一方面，市场流动性将更加充分。优化做市商结构、扩充做市力量、规范做市交易行为等措施的实施，将有利于进一步提升做市商报价质量和流动性供应水平。

资料来源：经济日报，2021-01-08.

思考与分析：

1. 中国外汇市场引进做市商制度的原因是什么？
2. 我国外汇市场目前有哪些种类的做市商？
3. 引进做市商制度后对中国外汇市场起到哪些作用？

第三章

即期外汇交易

知识目标

1. 了解银行间以及银行与客户间即期外汇买卖的程序；
2. 懂得个人实盘外汇买卖的交易步骤和交易方式；
3. 掌握利用即期外汇买卖进行外汇保值和投机的操作。

技能目标

1. 能够运用柜台、电话和网络等交易形式进行即期外汇交易；
2. 能够进行即期汇率的计算。

学习导航

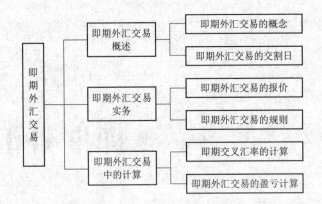

课前导读

　　王先生是一家大型跨国贸易公司的财务部经理，每天为公司业务忙得焦头烂额。一天下午，王先生正在看上月的会计报表，突然桌上的电话铃响了，原来是财务经办张小姐："王经理，进口欧洲的那批设备下个月到港，后天就要给外商支付首付款 500 万欧元，但现在咱们账户上只有 150 万欧元，美元倒是有 2 000 万的富余，怎么办？"王先生不假思索地说："这好办，找中国银行做即期外汇交易。"

　　按照王先生的指点，张小姐找到中国银行资金全球金融市场部客户业务处交易员高明，以当天市场价格 EUR/USD＝1.130 5 的价格买到了需要的欧元，顺利完成了对外支付。

　　即期外汇交易是国际外汇市场上最常见、最普遍的交易形式，因此学习外汇交易业务，应从即期外汇交易入手。

第一节　即期外汇交易概述

一、即期外汇交易的概念

（一）什么是即期外汇交易

　　即期外汇交易（Spot Transaction）又称现汇交易，是指买卖双方按照外汇市场上的即时价格成交后，在两个营业日内办理交割的外汇交易。即期外汇买卖的汇率称为即期汇率（见表 3-1）。

表 3-1　中国工商银行即期外汇牌价

日期：2024 年 3 月 10 日　星期日　　　　　　　　　　　　　单位：人民币/100 外币

币　　种	汇买、汇卖中间价	现汇买入价	现钞买入价	卖出价	基准价
美元（USD）	827.67	826.43	821.46	828.91	827.67

续表

币　　种	汇买、汇卖中间价	现汇买入价	现钞买入价	卖出价	基准价
港币(HKD)	106.91	106.75	106.11	107.07	106.81
日元(JPY)	7.61	7.59	7.53	7.62	7.55
欧元(EUR)	970.94	969	961.23	972.88	961.64
英镑(GBP)	1 383.12	1 380.63	1 348.54	1 385.89	—
瑞士法郎(CHF)	628.36	627.23	612.65	629.62	—
加拿大元(CAD)	625.41	624.16	609.77	626.66	—
澳大利亚元(AUD)	570.76	569.62	556.49	571.9	—
新加坡元(SGD)	477.59	476.63	465.65	478.55	—
丹麦克朗(DKK)	130.72	130.46	127.45	130.98	—
挪威克朗(NOK)	117.49	117.26	114.55	117.72	—
瑞典克朗(SEK)	108.39	108.17	105.68	108.61	—
澳门元(MOP)	103.73	103.52	102.95	103.94	—
新西兰元(NZD)	492.3	491.32	479.99	493.28	—

注：此汇率表供参考，以实际交易汇率为准。

即期外汇交易可发生于银行之间，也可发生于银行与客户之间。它在外汇市场各类交易中居于首位，是外汇交易中最基本的交易。

例如，某公司需要在星期三归还贷款 100 万美元，而该公司持有日元。它可以在星期一按 1 美元＝110.00 日元的即期汇率向中国银行购入美元 100 万，同时出售日元。星期三，该公司通过转账将 11 000 万日元交付给中国银行，同时中国银行将 100 万美元交付给公司，该公司便可用美元归还贷款。

（二）即期外汇交易的种类

从交易主体来分，即期外汇交易可分为个人企业的柜台业务和银行间的交易；从币种来分可分为本币与外币的交易以及外币与外币的交易。下面从交易主体的角度进行简单介绍。

1. 柜台业务

柜台业务主要包括以下几点。

(1) 货币兑换：即客户与银行间的货币兑换。

(2) 汇出汇入汇款：无外币委托汇款。

(3) 出口收汇与进口付汇：即汇款方式在国际贸易上的应用。

2. 银行间的交易

银行间的交易通过专门的交易机进行，一般是由银行内部的资金部门或外汇交易室通过路透社交易机(路透社终端)或德励财经交易系统来完成。

以路透机交易为例，交易员首先通过交易机的键盘输入对方银行四个英文字母代号，呼叫该银行，待叫通后，荧屏上即开始显示双方对话内容。

例 3-1

某日中国银行广东省分行外汇资金部与中国香港中银集团外汇中心的一笔通过路透社终端进行的 USD/JPY 外汇交易的对话实例，反映了整个即期交易过程。

BCGD：GTCX SPJPY2 PLS

解释：SPJPY 为即期日元；2 为 2 手；PLS 为 please。

GTCX：106.16/26

解释：买入价 JPY/USD 106.16；卖出价 JPY/USD 1.704 0。

BCGD：YOURS

解释：卖给你（表示卖出）。用美元换日元。

GTCX：OK DONE CFM AT 1.703 5

解释：CFM 为 confirm 表示确认；AT 为在 1.703 5 的价格。

WE BUY USD 2MIO AG JPY

解释：我按此比价买 200 万美元；AG（against）为比价。

VAL 25 JUNE,2008

解释：起息日为 1993 年 6 月 25 日；VAL（value）为起息日。

OUR USD PLS TO A BANK AC NO. XXX

解释：请将美元打到我们在 A 银行的账户，账号为 XXX；AC（Account）为账户。

TKS FOR THE DEAL N BI

解释：TKS 为谢谢；DEAL 为交易；N 为 and；BI 为拜拜。

BCGD：AL AGREED MY JPY PLS TO B BANK AC NO. YYY

解释：都按你的意思，请将日元打到我在 B 银行的账户，账号为 YYY；AL 为 all。

TKS N BIBI FRD

解释：FED 为 friend。

注：GTCX 为中国香港中银外汇中心在路透社交易系统的交易代码。BCGD 为中国银行广东分行在路透社交易系统的交易代码。MINE 为表示买进；MIO 为 million。

其交易程序为：询价—报价—成交—证实，其中报价环节是最重要的（这些内容将在下一节介绍）。

（三）即期外汇交易的功能

即期外汇交易占外汇市场业务量的一半以上，特别是在浮动汇率情况下，进出口商为了防范汇率变动风险和加速资金的周转，外汇银行为了及时平衡外汇头寸，都大量进行即期外汇交易。概括起来，即期外汇交易的功能主要有以下几点。

1. 满足客户临时性的支付需要

通过即期外汇买卖业务，客户可将手上的一种外币即时兑换成另一种外币，用以应付进出口贸易、投资、海外工程承包等的外汇结算或归还外汇贷款。

2. 帮助客户调整手中外币的币种结构

例如，某公司遵循"不要把所有的鸡蛋放在同一个篮子里"的原则，通过即期外汇买卖，将其全部外汇的 15% 由美元调整为欧元,10% 调整为日元,通过此种组合可以分散外汇风险。

3. 外汇投机的重要工具

这种投机行为既有可能带来丰厚利润,也可能造成巨额亏损。

二、即期外汇交易的交割日

交割(Delivery or Settlement)是指买卖双方履行合约,进行钱货两清的行为。进行交割的当天称为交割日,也称结算日、起息日(Value Date/Delivery Date)。

即期交易的交割日,因交易市场和交易币种的不同分为以下三种类型。

(1) T+0,即当日交割(Value Today),指在成交当日交割。

(2) T+1,即隔日交割(Value Tomorrow),指在成交后第一个营业日交割。

(3) T+2,即标准交割日(Value Spot),又称即期交割,指成交后第二个营业日交割。国际外汇市场上,除特别声明外,一般采取 T+2 交割模式,这是惯例,主要是适应全球外汇市场的 24 小时运作与时差问题。

营业日是指在实际进行交割的双方国家内银行都营业的日子,如果遇到某一国的银行假日,则交割日要顺延,但对于美元对其他货币的交易,按照国际惯例,如遇到美国银行假日,则交割日不必顺延。

例 3-2

东京甲银行和伦敦乙银行在星期一达成一笔英镑对日元的即期交易,问交割日应该是哪一天?

	东京	伦敦	
星期一	营业日	营业日	交易日
星期二	营业日	营业日	
星期三	营业日	营业日	交割日

想一想　以上交易如果遇上节假日怎么办?

	东京	伦敦	
星期一	营业日	营业日	交易日
星期二	营业日	假日	
星期三	营业日	营业日	
星期四	营业日	营业日	交割日

例 3-3

东京甲银行和纽约乙银行在星期一达成一笔美元对日元的即期交易,若周二是美国银行假日,问:交割日应该是哪一天?

	东京	伦敦	
星期一	营业日	营业日	交易日
星期二	营业日	假日	

星期三	营业日	营业日	交割日
星期四	营业日	营业日	

想一想： 以上交易中，若周三是日本银行假日，问交割日应该是哪一天？

	东京	纽约	
星期一	营业日	营业日	交易日
星期二	营业日	营业日	
星期三	假日	营业日	
星期四	营业日	营业日	交割日

第二节　即期外汇交易实务

一、即期外汇交易的报价

（一）报价依据

在即期外汇市场上，任何一家外汇银行报出的买卖价格，都是客户可以自由买卖的价格，外汇银行要对其报出的价格承担责任。因此，外汇银行的交易员在接到客户询价后决定如何报价时，一般要考虑多方面的因素，作为报价依据。

1. 市场行情

市场行情是银行报价时的决定因素，主要包括市场价格和市场情绪。前者指市场上一笔交易的成交价格，或者市场上核心成员的买价或卖价；后者指汇价的升跌趋势，这主要依赖于报价人的直觉判断，一般在行情趋升时，报价偏高，反之则偏低。

2. 报价行现时的外汇头寸

报价行在接到客户询价时，若持有所询货币多头且金额较大，则报价偏低；反之，则提高报价，以吸引询价者抛售。

3. 国际经济、政治及军事最新动态

报价行所在国家及西方主要国家（如美国、英国、德国、日本等）的繁荣与衰退、财政盈余与赤字、国际收支的顺差与逆差、政治军事的动荡与稳定等，均会引起外汇行市的动荡不安。报价行需要时刻注意并以此调节本行的报价。

4. 询价者的交易意图

外汇交易员凭经验对询价者的意图进行判断，借此调整报价。若判断对方意欲卖出某种货币，则会稍稍压低报价；反之则会抬高一点。但这种估计和判断不一定完全准确。

（二）报价惯例

当客户向银行询价时，银行应立即向其报出该外汇的即期汇率，作为成交的基础。为了保证外汇交易的正常运行，各地外汇市场逐渐形成了一些约定俗成的惯例。

1. 统一报价

除有特别说明外,外汇市场上交易的货币,均以美元为报价标准。例如,向银行询问日元和港元的价格时,银行报出的是美元兑日元和美元兑港元的价格。要想知道日元兑港元的价格,还要进行套算。

2. 报价简洁

在实际操作中,为了节省时间,外汇交易员只报汇价的最后两位数。例如,某日客户询问英镑兑美元的汇率时,银行在即期汇率 1.971 9/1.972 9 的基础上,只报出 19/29。

3. 双向报价

银行同时报出买入价和卖出价,二者的差额称为差价,也叫"点差"。

在直接标价法下,前面较小的数字是外币的买入价,后面较大的数字是外币的卖出价;在间接标价法下,前面较小的数字是外币的卖出价,后面较大的数字是外币的买入价。

4. 数额限制

交易额通常以 100 万美元为单位,即通常所说的一手为 100 万美元,交易额为 100 万美元的整数倍,如 Five Dollar 表示 500 万美元。

5. 交易术语规范化

迅速变化着的汇率,要求交易双方以最短的时间达成一项交易。因此,交易员为节省时间,通常采用简洁明了的规范化语言即行话,做到省时省事。

二、即期外汇交易的规则

(一)常用的交易术语

BUY	买进	TAKE	买进
BID	买进	MINE	我方买进
CIVE	卖出	SELL	卖出
OFFER	卖出	YOURS	我方卖出
MARKET MEKER	报价行	I SELL YOU FIVE USD	我卖给你 500 万美元
VALUE	起息日	ODD DATE	不规则起息日
BROKEN DATE	不规则起息日		
DEAlING PRICE	交易汇价		
INDICATION RATE	参考汇价		

🔍 **例 3-4**

ABC:CHF5

XYZ:1.532 0/30

ABC:20 Done

　　My CHF to Zurich A/C

XYZ:OK Done

　　CHF at1.532 0　We Buy USD5 Mio AG CHF Val May 10 USD to XYZ NY

YKS for Calling N Deal BIBI

ABC：YKS for Price BIBI

上述术语解释如下。

ABC：500万美元对换瑞士法郎的价格是多少？

XYZ：USD/CHF＝1.532 0/30。

ABC：以1.532 0的价格卖出500万美元，将瑞士法郎汇入我的苏黎世银行账户上。

XYZ：同意成交，以1.532 0的价格买入500万美元，交割日为5月10日，并将美元汇入纽约XYZ银行，谢谢你的询价并交易。

ABC：谢谢你的报价。

（二）银行同业间即期外汇交易程序

1. 自报家门

询价方必须先说明自己的名称，以便让报价行知道交易对手是谁，并决定其交易对策。

2. 询价

一般包括交易货币的价格、金额、交割期限等。例如，询价方：What is your spot USD JPY，pls？

3. 报价

交易员在接到某种货币的询价后，立即报出该货币的买入价和卖出价，这是外汇买卖成交的基础。例如，报价方：20/30。

4. 成交

询价方在报价方报出汇价后，应立即做出反应，或者成交，或者放弃，而不应该与报价方讨价还价。一旦报价行交易员说："成交了（OK,done. ）"，合同即告成立，双方就要受合同的约束。

5. 证实

交易双方就交易内容（包括买卖方向、交易汇率、交易金额、交割日、收付账户等）进行重复确认，以防止错漏和误解。

交易结束后，若发现原证实有错误或遗漏，交易员应尽快与交易对手重新证实，其内容必须得到交易双方的同意方可生效。

6. 交割

双方按照对方的要求将卖出的货币及时准确地汇入对方指定银行的账户中。这是买卖双方结算各自款项，了结债权债务关系的行为。

（三）即期外汇交易实例

例3-5

询价方：What's your spot USD JPY，pls？

报价方：104. 20/30.

（也可以写作 20/30 或 104.20/104.30.）

询价方：Yours USD 1 或 Sell USD 1.

或者：Mine USD 1 或 Buy USD 1.

报价方：OK,done.

上述术语解释如下。

询价方：请问即期美元兑日元报什么价？

报价方：USD/JPY＝104.20/30。

询价方：我卖给你 100 万美元（或者我买进 100 万美元）。

报价方：好,成交。

例 3-6

ABC：HKD/JPY 3HKD

XYZ：14.750/70

ABC：My Risk

ABC：NOW PLS

XYZ：14.755 Choice

ABC：Sell HKD 3 PLS to ABC Tokyo A/C

XYZ：OK Done,JPY at 14.755 We Buy HKD 3 Mio AG JPY Val May 10 HKD to Hong Kong A/C,TKS for Deal

ABC：TKS for Price

上述术语解释如下。

ABC：请问港元与日元的套算汇率,金额为 300 万港元。

XYZ：HKD/JPY＝14.750/70。

ABC：我不满意（ABC 可能再次向 XYZ 询价）。

ABC：（再次询价）

XYZ：以 14.755 的价格任 ABC 选择买与卖（当报价行报出 Choice 时一定做交易,ABC 不好以此做借口而不做交易）。

ABC：卖出 300 万港币,日元汇入我在东京银行账户上。

XYZ：成交,以 14.755 的价格买入 300 万港币,卖出日元,交割日为 5 月 10 日,港元汇入我在香港银行账户上,谢谢交易。

ABC：谢谢报价。

第三节　即期外汇交易中的计算

一、即期交叉汇率的计算

（一）求报价货币的比价

在两组汇率中,若基准货币相同,报价货币不同,求报价货币的比价,则交叉相除。

例 3-7

已知　　　　　　　　　　　　USD/CNY＝8.276 0/80　　　　　　　　　　(1)

　　　　　　　　　　　　　　USD/HKD＝7.786 0/80　　　　　　　　　　(2)

求：HKD/CNY(或 CNY/HKD)。

解：根据计算法则"交叉相除"，即

$$8.276\ 0 \sim 8.278\ 0$$

$$7.786\ 0 \sim 7.788\ 0$$

则　　　　HKD/CNY＝(1)/(2)

　　　　　　　　＝(8.276 0÷7.788 0)/(8.278 0÷7.786 0)

　　　　　　　　＝1.062 7/31

分析：

(1) 求 HKD 对 CNY 的买入价。相当于银行卖出 USD，买入 HKD；同时买入等量 USD，卖出 CNY。

银行卖出 USD，买入 HKD 的价格为 USD1＝HKD7.788 0。

银行买入等量 USD，卖出 CNY 的价格为 USD1＝CNY8.276 0，则

　　　　　　　CNY8.276 0＝HKD7.788 0

即　　　　　　　　HKD1＝CNY1.062 7

　　　　　　　(1.062 7＝8.276 0÷7.788 0)

(2) HKD 对 CNY 的卖出价。相当于银行买入 USD 卖出 HKD；同时卖出等量 USD，买入 CNY。

银行买入 USD 卖出 HKD 的价格为 USD1＝HKD7.786 0。

银行卖出等量 USD，买入 CNY 的价格为 USD1＝CNY8.278 0，则

　　　　　　　HKD7.786 0＝CNY8.278 0

即　　　　　　　　HKD1＝CNY1.063 1

　　　　　　　(1.063 1＝8.278 0÷7.786 0)

(3) 得出结果：HKD/CNY＝1.062 7/1.063 1。

（二）求基准货币的比价

在两组汇率中，若报价货币相同，基准货币不同，求基准货币的比价，则交叉相除。

例 3-8

已知　　　　　　　　　　　　EUR/USD＝1.102 0/40　　　　　　　　　　(1)

　　　　　　　　　　　　　　AUD/USD＝0.624 0/60　　　　　　　　　　(2)

求：EUR/AUD(或 AUD/EUR)。

解：分析原理同上，分析过程略。

根据计算法则"交叉相除",即

$$1.102\ 0 \sim 1.104\ 0$$

$$0.624\ 0 \sim 0.626\ 0$$

则 $\quad$ EUR/AUD＝(1)/(2)

$\quad\quad\quad\quad$ ＝(1.102 0÷0.626 0)/(1.104 0÷0.624 0)

$\quad\quad\quad\quad$ ＝1.760 4/92

（三）求另一基准货币和标准货币的比价

在两组汇率中,若某种货币分别为基准货币和标价货币,求另一基准货币和标价货币的比价,则同边相乘。

例 3-9

已知 $\quad\quad\quad\quad\quad\quad\quad$ EUR/USD＝1.102 0/40 $\quad\quad\quad\quad\quad\quad$ (1)

$\quad\quad\quad\quad\quad\quad\quad\quad\quad\quad$ USD/CNY＝8.276 0/80 $\quad\quad\quad\quad\quad\quad$ (2)

求:EUR/CNY(或 CNY/EUR)。

解:根据计算法则"同边相乘",即

$$1.102\ 0 \sim 1.104\ 0$$

$$8.276\ 0 \sim 8.278\ 0$$

则 $\quad$ EUR/CNY＝(1)×(2)

$\quad\quad\quad\quad$ ＝(1.102 0×8.276 0)/(1.104 0×8.278 0)

$\quad\quad\quad\quad$ ＝9.120 2 / 9.138 9

二、即期外汇交易的盈亏计算

（一）几个术语

买入量＞卖出量,则称为超买、多头寸、多头。

卖出量＞买入量,则称为超卖、缺头寸、空头。

（二）计算过程

即期外汇交易的盈亏计算参见例 3-10。

例 3-10

假设某日某客户做了以下几笔美元对日元的交易:

买入美元 100 万,汇率为 100.00;

买入美元 200 万,汇率为 100.10;

卖出美元 200 万,汇率为 98.80;

卖出美元 100 万,汇率为 99.90;

买入美元 100 万,汇率为 99.60;

收盘汇率为 99.20/30。该客户在收盘时的头寸如表 3-2 所示。

表 3-2　收盘时的头寸情况　　　　　　　单位:万元

美　元		汇　率	日　元	
买　入	卖　出		买　入	卖　出
100	—	100.00	—	10 000
200	—	100.10	—	20 020
—	200	98.80	19 760	—
—	100	99.90	9 990	—
100	—	99.60	—	9 960
当日累计 400	当日累计 300	收盘汇率 99.20/30	当日累计 29 750	当日累计 39 980
多头寸 100			缺头寸 10 230	

分析:从表 3-2 可以看出,当日该客户的头寸状况为美元多头寸 100 万,日元缺头寸 1.023 0 亿。

(1) 若把超买的 100 万美元换成日元,则为 100×99.20＝9 920 万日元,以日元计算,则亏损 310 万日元(10 230 万－9 920 万)。

(2) 若把超卖日元补进则需要:10 230÷99.20＝103.12 万美元,以美元计算,则亏损 3.12 万美元(100 万－103.12 万)。

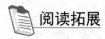 **阅读拓展**

外汇头寸

外汇头寸是指外汇银行买卖外汇所持有的各种外币账户的余额状况。一般来讲,外汇头寸的状况是保持不变的。但银行在经营过程中不可避免地会出现买卖不平衡的状况。如果银行买入某种外币的数额超过卖出的数额,则称为该种货币的"多头"或超买;如果某种外币卖出超过买进,则称为该种货币的"空头"或超卖。

买卖持平而不增不减则为"轧平"。若把各种外币各种期限的头寸汇总计算净余额,则称为"总头寸"。银行为外汇"多头"或"空头"都要承担汇率变动的风险,为了稳妥经营,银行一般遵循买卖平衡原则。若出现"多头",就需要将多余的部分卖出;若出现"空头",就需要买进短缺部分,以"轧平"头寸。这种掩护性的外汇买卖称为抛补。若对"多头"和"空头"不加以掩护,任其承受汇率风险,则称为敞口头寸或"风险头寸"。

国内银行的即期外汇交易

这里以中国银行为例,介绍国内银行的即期外汇交易情况。

1. 程序

要求有进出口贸易合同,在中国银行开证并在中国银行开立相应的外币账户,账户中有足够支付的金额。携带以银行为收款人的转账支票,直接将卖出货币转入银行。

外汇买卖金额不得低于5万美元。低于5万美元的交易则按当天中国银行外汇牌价进行买卖。

按要求填写保值外汇买卖申请书,由企业法人代表或有权签字人签字并加盖企业公章,向银行咨询交易。

2. 注意事项

外汇买卖价格由银行参照国际市场价格确定,客户一旦接受银行报价,交易便成立,客户不得要求更改或取消该交易,否则由此产生的损失及费用由客户承担。

客户在填制保值外汇买卖申请书时,须向银行预留买入货币的交割账号,交易达成后,银行在交割日当天把客户买入的货币划入上述指定的账户。

客户可通过电话或预留交易指令的方式在银行办理即期外汇买卖。客户申请通过电话交易,须向银行提交由企业法人代表签字并加盖公章的委托交易授权书,指定被授权人可通过电话方式与银行做即期外汇买卖交易,同时,被授权人必须在银行预留电话交易密码。通过电话交易后第二个工作日,客户还需向银行补交成交确认书,若对已达成的交易有争议,以银行的交易电话录音为准。

3. 即期外汇买卖业务流程

即期外汇买卖业务流程如图3-1所示。

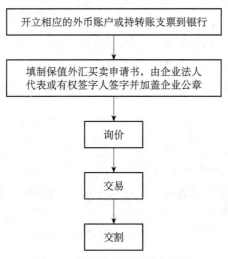

知识链接 3-1
中国工商银行即期
外汇买卖介绍

图 3-1 即期外汇买卖业务流程

本章要点

1. 即期外汇交易概述,包括即期外汇交易的概念以及即期外汇交易交割日的推算。

2. 即期外汇交易实务,包括即期外汇交易的报价和即期外汇交易的交易规则。

3. 即期外汇交易中的计算,包括即期交叉汇率的计算以及即期外汇交易盈亏的计算。

综合练习与实训

一、填空题

1. 即期外汇交易又称_____,是指外汇买卖双方成交后在_____内进行交割的外汇交易方式。

2. 市场上 GBP/USD 为 1.262 8/40,游客 A 买入美元的价格是_____,卖出美元的价格是_____。

二、选择题

1. 以下属于即期外汇交易的交割日的是(　　)。

    A. 成交的当日　　　　　　　　　　　　B. 成交后的第一天

    C. 成交后的第二天　　　　　　　　　　D. 成交后的第1个营业日

    E. 成交后的第2个营业日

2. 若今天是 6 月 23 日星期四,那么 T+2 即期交易日期是(　　)。

    A. 6 月 23 日　　　B. 6 月 24 日　　　C. 6 月 25 日　　　D. 6 月 27 日

3. 报价行对询价行 USD/JPY 的即期报价是 113.90/00,询价行说:"I take 5",意思是(　　)。

    A. 询价行以 113.90 的汇率买入 500 万美元

    B. 询价行以 113.90 的汇率买入 500 万日元

    C. 询价行以 114.00 的汇率买入 500 万美元

    D. 询价行以 114.00 的汇率买入 500 万日元

4. 如果你分别以 1.451 2、1.453 0、1.452 2 的汇率卖出 200 万、800 万和 300 万美元。你的头寸的平均汇率是(　　)。

    A. 1.453 0　　　B. 1.452 1　　　C. 1.500 8　　　D. 1.452 5

三、分析题

1. 现在市场相对平静,某报价行目前拥有汇率为 127.00 的 1 000 万美元的空头头寸,且从纽约获得以下消息:"美联储将对美元进行干预,使之更加坚挺。买入美元的数额估计将会很大。"市场上其他交易商的 USD/JPY 报价如下:①127.91/01;②127.92/02;③127.03/08;④129.89/99,这时该报价行接到了一个询价,请问该某报价行将参考上述哪组报价回复询价? 并做具体分析。

2. 市场消息显示:英国上月贸易赤字为 23 亿英镑,而不是市场预测的 5 亿英镑。某报价行现在的头寸是多空持平,同时接到一个即期 GBP/USD 询价,市场上其他交易商的报价是:①1.350 5/15;②1.350 7/17;③1.350 0/10;④1.350 2/12;⑤1.350 3/13;⑥1.350 6/16,请问该某报价行将参考上述哪组报价回复询价? 并做具体分析。

四、技能训练

1. 计算交叉汇率。

(1) 已知 USD/HKD＝7.794 5/80;USD/JPY＝141.75/80,求 HKD/JPY。

(2) 已知 GBP/USD=1.947 2/79;EUR/USD=1.215 3/60,求 GBP/EUR。

(3) 已知 AUD/USD=0.731 7/25;USD/HKD=7.807 5/80,求 AUD/HKD。

2. 即期外汇交易的盈亏计算。

假设某日某客户 A 做了以下几笔英镑对美元的交易:

买入英镑 500 万,汇率为 1.351 9;

买入英镑 200 万,汇率为 1.352 5;

卖出英镑 600 万,汇率为 1.353 0;

卖出英镑 300 万,汇率为 1.351 5;

买入英镑 400 万,汇率为 1.352 8。

若收盘汇率为 GBP/USD=1.353 0/35,试计算:

(1) 该客户当日账户上的头寸数额。

(2) 分别以美元和英镑计算该客户当日盈亏情况。

远期外汇交易

学习导航

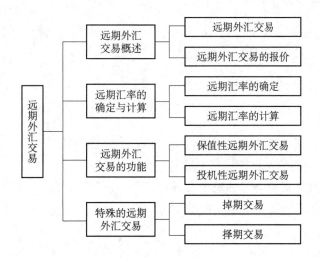

课前导读

某日本进口商从美国进口一批商品,按合同规定日进口商3个月后需向美国出口商支付100万美元货款。签约时,美元兑日元的即期汇率为118.20/50,付款日的市场即期汇率为120.10/30。假定日本进口商在签约时未采取任何保值措施,而是等到付款日时在即期市场上买入美元支付货款,那么这会给日本进口商带来多少损失?为什么?

分析:若日本进口商在签约时未采取任何保值措施,而是等到付款日时在即期市场买入美元支付货款,则要付出 120.30×100 万=12 030 万日元,这要比3个月前购买100万美元(118.50×100 万美元=11 850 万日元)多付出180万日元(12 030-11 850)。原因是计价货币美元升值,日本进口商需付出更多的日元才能买到100万美元,用以支付进口货款,由此增加进口成本而遭受了汇率变动的风险。

那么外汇市场上有没有交易手段可使日本进口商能够预先锁定进口成本,避免因汇率变动而遭受损失?本节将要介绍的远期外汇交易就是日本进口商可以选择采取的一种保值手段。

第一节 远期外汇交易概述

一、远期外汇交易

(一)远期外汇交易的概念

远期外汇交易(Forward Exchange Transaction)又称期汇交易,是指买卖双方先行签订合同,规定买卖外汇的币种、数额、汇率和将来交割的时间,到规定的交割日,按合同规定,卖方交汇和买方收汇的外汇交易。

想一想：远期与即期的区别？

从期限范围来划分,远期交易最短 3 天,最长可达 5 年,但最常见的是 1、2、3、6 等整数月的远期外汇交易,超过 1 年的叫作超远期外汇交易。

（二）远期外汇交易的交割日

1. 固定交割日

固定交割日即标准期限的远期交割日（Standard Forward Dates）,在即期交割日（Spot Date）的基础上推算整数日。

标准期限的远期外汇交易割日的决定法则如下。

（1）在对应即期交易交割日的基础上向后推算。

（2）假日顺延。

（3）如即期交割日是月份的最后营业日,则远期交割日是到期月的最后一日,非营业日则前推。

例 4-1

3 月 15 日	买入 1 个月期的远期外汇	
3 月 16 日		
3 月 17 日	即期交易的	远期交易
	交割日	的交割日为　4 月 17 日

想一想：如果 4 月 17 日是相关国家假日,则远期交割日应是哪一天?

例 4-2

外汇买入日	对应的 即期外汇交割日	对应的 1 月期 远期外汇交割日
5 月 29 日	5 月 29 日	6 月 29 日
	5 月 30 日	6 月 30 日
	5 月 31 日	

想一想：如果 6 月 30 日是假日,则 1 月期远期外汇的交割日为哪一天?

注意:月底往前推,不能跨月。

2. 非固定交割日

非固定交割日是在约定的期限内任意选择一个营业日作为交割日,即择期外汇交易。

择期外汇交易可分为以下两种。

（1）部分择期是指确定交割月份但未确定交割日。例如,一笔 3 个月远期交易,可以约定从成交后第 2 个月开始到第 3 个月的时间内选择交割日。

知识链接 4-1
人民币外汇远期
月报 2022-01

（2）完全择期是指客户可以选择双方成交日的第三天起到合约到期之前的任何一天为交割日。

🔍 **例 4-3**

5 月 20 日,A 公司与 B 银行达成一笔 3 个月的择期外汇交易,约定 8 月份进行交割。

思考:以下两种情况分别属于哪种择期交易?

① A 公司可以在 8 月 1 日—22 日的任一个营业日内向 B 银行提出交割。

② A 公司可以选择从 5 月 23 日—8 月 22 日这一段时间的任一个营业日向 B 银行提出交割。

分析:

根据定义可以判断:①为部分择期;②为完全择期。

二、远期外汇交易的报价

在实际外汇交易中,银行对于远期汇率也采取双向报价法,根据国际惯例,通常有两种远期汇率的报价方法:完整汇率报价方法和远期差价报价方法。

(一)完整汇率报价方法

完整汇率(Outright Rate)报价方法是指银行直接将各种不同期限的外汇汇率的买入价和卖出价完整地表示出来,又称全额报价。例如,日本银行报出某日 USD 与 JPY 的 3 个月远期汇率为:USD/JPY＝120.40/121.10;瑞士银行报出某日 USD 与 CHF 的 3 个月远期汇率为:USD/CHF＝1.535 0/1.538 0。以上报价均为完整汇率报价。中国银行人民币远期结售汇牌价如表 4-1 所示。

表 4-1　中国银行人民币远期结售汇牌价

货币名称	货币代码	交易期限	买入价	卖出价	中间价	汇率日期
英镑	GBP	1 周	849.237 203	858.160 203	853.698 703	2022-01-25
英镑	GBP	1 个月	849.856 697	859.128 597	854.492 647	2022-01-25
英镑	GBP	2 个月	850.778 924	860.063 924	855.421 424	2022-01-25
英镑	GBP	3 个月	851.991 409	861.359 709	856.675 559	2022-01-25
英镑	GBP	4 个月	852.980 132	862.324 132	857.652 132	2022-01-25
英镑	GBP	5 个月	853.965 964	863.312 564	858.639 264	2022-01-25
英镑	GBP	6 个月	854.717 035	864.191 535	859.454 285	2022-01-25
英镑	GBP	7 个月	855.335 095	865.038 395	860.186 745	2022-01-25
英镑	GBP	8 个月	855.912 541	865.648 641	860.780 591	2022-01-25
英镑	GBP	9 个月	856.981 056	866.727 356	861.854 206	2022-01-25
英镑	GBP	10 个月	857.747 101	867.613 001	862.680 051	2022-01-25
英镑	GBP	11 个月	858.520 079	868.366 679	863.443 379	2022-01-25
英镑	GBP	1 年	859.343 058	869.333 458	864.338 258	2022-01-25
港币	HKD	1 周	81.010 461	81.781 861	81.396 161	2022-01-25

续表

货币名称	货币代码	交易期限	买入价	卖出价	中间价	汇率日期
港币	HKD	1 个月	81.099 096	81.899 896	81.499 496	2022-01-25
港币	HKD	2 个月	81.227 536	82.025 736	81.626 636	2022-01-25
港币	HKD	3 个月	81.380 783	82.184 883	81.782 833	2022-01-25
港币	HKD	4 个月	81.515 665	82.328 465	81.922 065	2022-01-25
港币	HKD	5 个月	81.660 495	82.473 495	82.066 995	2022-01-25
港币	HKD	6 个月	81.781 228	82.588 328	82.184 778	2022-01-25
港币	HKD	7 个月	81.912 611	82.748 011	82.330 311	2022-01-25
港币	HKD	8 个月	82.035 056	82.870 356	82.452 706	2022-01-25
港币	HKD	9 个月	82.162 722	82.997 622	82.580 172	2022-01-25
港币	HKD	10 个月	82.290 074	83.147 274	82.718 674	2022-01-25
港币	HKD	11 个月	82.413 891	83.265 091	82.839 491	2022-01-25
港币	HKD	1 年	82.557 906	83.409 706	82.983 806	2022-01-25

资料来源：中国银行网站,2022-01-26.

这种完整汇率的报价方法通常用于银行对客户的报价中,在银行同业间往往采用另一种方法,即远期差价报价方法。

(二)远期差价报价方法

远期差价报价方法又称掉期率(Swap Rate)或点数汇率(Points Rate)报价方法,是指不直接公布远期汇率,而只报出远期汇率与即期汇率的差价,然后再根据差价来计算远期汇率。例如,USD/HKD 的 1 个月远期汇率报价为 10/20,其中 10 代表远期汇率和即期汇率买入价相差 10 个点;20 代表远期汇率和即期汇率卖出价相差 20 个点。

某一时点上远期汇率与即期汇率的差价称为掉期率或远期差价,通常表现为升水、贴水和平价,且升贴水的幅度一般用点数来表示。

(1)升水(At Premium):远期汇率＞即期汇率。

(2)贴水(At Discount):远期汇率＜即期汇率。

(3)平价(At Par):远期汇率＝即期汇率。

🔗 **想一想** 在纽约外汇市场上欧元兑美元的即期汇率为 EUR1＝USD1.052 0/25,一个月远期汇率为 EUR1＝USD1.053 0/40,请问:哪种货币贴水? 哪种货币升水?

🔍 **例 4-4**

假设 USD/JPY 的 3 个月远期差价为 20/30;USD/CHF 的 3 个月远期差价为 25/15,试分析其含义。

分析:该报价为差价报价,其中 20/30 代表远期汇率与即期汇率的买入价相差 20 个点,卖出价相差 30 个点;25/15 代表远期汇率与即期汇率的买入价与卖出价分别相差 25 个点和 15 个点。

第二节　远期汇率的确定与计算

一、远期汇率的确定

例 4-5

假设美元和日元 3 个月期的存款利率分别为 15％和 10％,即期汇率为 USD1＝JPY 110.20。若美国一客户向银行用美元购买 3 个月远期日元,思考:远期汇率是多少? 这对于银行是损失还是收益? 为什么? 如何处理?

1. 分析

银行按即期汇率用美元买入日元,将日元存放于银行以备 3 个月后交割。

银行持有日元 3 个月意味着银行要放弃美元的高利息而收取日元的低利息。银行绝不会自己承担这部分损失,它会把这个因素打入远期日元的汇价,从而将损失转嫁到客户头上。因此,远期日元要比即期日元贵,即远期日元升水。

2. 总结

两种货币的利差是决定其远期汇率的基础。

(1)利率低的货币,远期汇率升水。

(2)利率高的货币,远期汇率贴水。

(3)若利差为零,则为平价。

3. 计算公式

$$远期差价＝即期汇率×利差×月数÷12$$

4. 解题

(1)求远期差价。

$$110.20×(15％－10％)×3÷12＝1.38(日元)$$

(2)判断升、贴水。

日元利率低,则远期升水。

美元利率高,则远期贴水。

(3)求远期汇率。

$$USD1＝JPY(110.20－1.38)＝JPY108.82$$

二、远期汇率的计算

(一)计算完整的远期汇率

在远期差价报价方法下,已知即期汇率和远期差价,如何计算完整的远期汇率? 为了计算简便,不管直接标价法还是间接标价法,均可使用如下法则进行计算:前小后大相加,前大后小相减。

"前小后大相加"是指当点数由小到大(如 20/30)时,远期汇率等于即期汇率加上点数;"前大后小相减"是指当点数由大到小(如 40/30)时,远期汇率等于即期汇率减去点数。

例 4-6

已知:即期汇率 USD/HKD=7.784 0/50,一个月远期报价为 20/30。

求:USD/HKD 完整的远期汇率。

分析:因为 20＜30,根据法则"前小后大相加",应该用加法,所以

USD/HKD(远期)=(7.784 0+0.002 0)/(7.785 0+0.003 0)=7.786 0/80

例 4-7

已知:即期汇率 GBP1=USD1.356 0/80,3 个月远期报价为 40/30。

求:GBP/USD 完整的远期汇率。

分析:因为 40＞30,根据法则"前大后小相减",应该用减法,所以

GBP/USD(远期)=(1.356 0−0.004 0)/(1.358 0−0.003 0)=1.361 0/50

(二) 远期交叉汇率的计算

远期交叉汇率的计算与即期交叉汇率的计算方式相似,可分两步做:第一步,根据即期汇率和远期差价求完整的远期汇率;第二步,仿照即期交叉汇率的计算方法求远期交叉汇率。

例 4-8

某外汇市场报价如下:USD/CHF 的即期汇率为 1.575 0/60,3 个月远期差价为 152/155;USD/JPY 的即期汇率为 127.20/30,3 个月远期差价为 15/17,求 CHF/JPY 的 3 个月远期汇率。

分析:

(1) 分别计算 USD/CHF 和 USD/JPY 的 3 个月远期汇率。

USD/JPY 的 3 个月远期汇率:(127.20+0.15)/(127.30+0.17)=127.35/127.47。

USD/CHF 的 3 个月远期汇率:(1.575 0+0.015 2)/(1.576 0+0.015 5)=1.590 2/1.591 5。

(2) 计算 CHF/JPY 的 3 个月远期交叉汇率。

根据"若基准货币相同,报价货币不同,求报价货币的比价,方法是交叉相除"的法则:

3 个月 USD/ JPY=127.35～127.47

3 个月 USD/ CHF=1.590 2～1.591 5

则   3 个月 CHF/JPY=(127.35÷1.591 5)/(127.47÷1.590 2)

=80.018 9/80.159 7

例 4-9

某外汇市场报价如下:GBP/USD 的即期汇率为 1.563 0/40,6 个月远期差价为 318/315;AUD/USD 的即期汇率为 0.687 0/80,6 个月远期差价为 157/154,求 GBP/AUD 的 6 个月远期汇率。

分析：

(1) 分别计算 GBP/USD 和 AUD/USD 的 6 个月远期汇率。

GBP/USD 的 6 个月远期汇率：$(1.563\,0-0.031\,8)/(1.564\,0-0.031\,5)=1.531\,2/1.532\,5$。

AUD/USD 的 6 个月远期汇率：$(0.687\,0-0.015\,7)/(0.688\,0-0.015\,4)=0.671\,3/0.672\,6$。

(2) 计算 GBP/AUD 的 6 个月远期交叉汇率。

根据"若报价货币相同，基准货币不同，求报价货币的比价，方法是交叉相除"的法则，

6 个月 GBP/USD$=1.531\,2\sim1.532\,5$

6 个月 USD/JPY$=0.671\,3\sim0.672\,6$

则　　　　6 个月 GBP/AUD$=(1.531\,2\div0.672\,6)/(1.532\,5\div0.671\,3)$

$=2.276\,5/2.282\,9$

例 4-10

某外汇市场报价如下：USD/JPY 的即期汇率为 107.50/60，3 个月远期差价为 10/88；GBP/USD 的即期汇率为 1.546 0/70，3 个月远期差价为 161/158，求 GBP/JPY 的 3 个月远期汇率。

分析：

(1) 分别计算 USD/JPY 和 GBP/USD 的 3 个月远期汇率。

USD/JPY 的 3 个月远期汇率：$(107.50+0.10)/(107.60+0.88)=107.60/108.48$。

GBP/USD 的 3 个月远期汇率：$(1.546\,0-0.016\,1)/(1.547\,0-0.015\,8)=1.529\,9/1.531\,2$。

(2) 计算 GBP/JPY 的 3 个月远期交叉汇率。

根据"某种货币分别为基准货币和标价货币，求另一基准货币和标价货币的比价，方法是同边相乘"的法则：

3 个月 USD/JPY$=107.60\sim108.48$

3 个月 GBP/USD$=1.529\,9\sim1.531\,2$

则　　　　3 个月 GBP/JPY$=(107.60\times1.529\,9)/(108.48\times1.531\,2)$

$=164.62/166.10$

第三节　远期外汇交易的功能

一、保值性远期外汇交易

远期外汇买卖是国际上发展最早、应用最规范的外汇保值方式。

所谓保值性远期交易又称远期套期保值（Forward Hedge），是指卖出（或买进）所持有（或所承担）的一笔外币资产（或负债）的远期外汇，交割日期与持有外币资产变现（或负债偿付）的日期相匹配，使这笔资产或负债免受汇率变动的影响，从而达保值的目的。客户对外贸易结算、到国外投资、外汇借贷或还贷过程中都会遇到外汇汇率变动的风险，这就要求对外汇进行保值。通过远期外汇业务买卖，客户可事先将某一项目的外汇成本固定，或锁定远期外汇收付的换汇成本，避免汇率波动可能带来的损失。

例如，某进出口贸易公司主要出口对象在日本和拉美，收到的货币以日元和巴西雷亚尔为主。2020年10月，以上货币的价格波动剧烈，给公司造成很大风险。根据公司实际情况，中国银行建议企业通过远期外汇交易进行保值，锁定风险。具体操作是将预计3个月后收到的一笔14.5亿日元按照当前远期市场行情76.50卖出，买得约1 895.42万美元，从此高枕无忧，不再为市场汇率波动担心。

根据交易主体不同，保值性远期交易又可以分为以下两种。

（一）进出口商和国际投资者的套期保值

在国际贸易和国际投资等活动中，从合同签订到实际结算总有一段时差，这段时间内汇率可能朝着不利于企业的方向变化，为了避免这种风险，进出口商在签订合同时，就向银行买入或者卖出远期外汇，当合同到期时，按已经商定的远期汇率买卖所需外汇。

例 4-11

有一家美国公司向墨西哥出口价值10万美元的货物，双方达成协议，成交后30天付款，以美元结算。当时外汇市场上的即期汇率为26.80，按此汇率，出口商品的价值为2 680 000墨西哥比索。若30天后比索贬值，新汇率为45.20，那么出口商品的价值将为4 520 000比索，墨西哥进口商将损失840 000比索。如果墨西哥进口商在签订外贸合同的同时，与银行签订了一份30天的远期和约，以28.21的远期汇率购入10万美元，那么到期时，只需支付2 821 000比索，虽然比即期多付141 000比索，但比不做套期保值的损失（1 840 000比索）要小得多。

例 4-12

某澳大利亚进口商从日本进口一批商品，日本厂商要求澳方在3个月内支付10亿日元的货款。当时外汇市场的行情如下。

即期汇率1澳元＝100.00/100.12日元，3月期远期汇率为1澳元＝98.00/98.22日元。如果该澳大利亚进口商在签订进口合同时预测3个月后日元对澳元的即期汇率将会升值到1澳元＝80.00/80.10日元，那么：

（1）若澳大利亚进口商不采取避免汇率风险的保值措施，现在就支付10亿日元，则需要多少澳元？

（2）若现在不采取保值措施，而是延迟到3个月后支付10亿日元，则到时需要支付多少澳元？

（3）若该澳大利亚进口商现在采取套期保值措施，应该如何进行？3个月后实际支付多少澳元?

分析:

(1) 该澳大利亚进口商签订进口合同时就支付 10 亿日元,需要以 1 澳元＝100.00 日元的即期汇率向银行支付 10 亿÷100.00＝0.1 亿澳元,即 10 000 000 澳元。

(2) 该澳大利亚进口商等到 3 个月后支付 10 亿日元,按当时即期汇率 1 澳元＝80.00 日元计算,须向银行支付 10 亿÷80＝0.125 亿澳元,即 12 500 000 澳元。这比签订进口合同时支付的货款多出 0.025 亿澳元,即多支付 250 万澳元,这是不采取保值措施付出的代价。

(3) 该澳大利亚进口商若采取套期保值措施,即向银行购买 3 月期远期日元 10 亿日元,适用汇率是 1 澳元＝98.00 日元。3 个月后交割时只需向银行支付 10 亿÷98＝10 204 081.63 澳元,就可获得 10 亿日元支付给日本出口商。这比签订进口合同时支付的货款多出 204 081.63 澳元(约 20.41 万澳元)。这是进口商采取套期保值措施付出的代价。这对于不采取保值措施,而等到 3 个月后再即期购买日元支付货款所付出的 250 万澳元代价来说,是微不足道的。

(二)外汇银行为了轧平外汇头寸而进行套期保值(外汇头寸调整交易)

客户与银行的远期外汇交易,事实上是把相应的汇率变动风险转嫁给了银行。银行在所做的同种货币的同种期限的所有远期外汇交易不能买卖相抵时,就产生外汇净头寸,面临风险损失。为了避免这种风险损失,银行需要将多头抛出,空头补进,轧平各种币种各种期限的头寸。

例如,一家美国银行在 1 个月的远期交易中,共买入了 9 万英镑,卖出了 7 万英镑。这家银行持有 2 万英镑的多头,为了避免英镑跌价而造成的损失,这家银行会向其他银行卖出 2 万英镑的 1 个月期汇。

二、投机性远期外汇交易

外汇投机(Foreign Exchange Speculation)是指投机者(Speculator)根据对有关货币汇率变动的预测,通过买卖现汇或期汇,有意保持某种外汇的多头或空头,以期在汇率实际发生变动之后获取风险利润的一种外汇交易。

外汇市场上的投机可分为即期外汇投机和远期外汇投机。典型的外汇投机是远期外汇投机,其特点是不涉及货币的立即交割,成交时无须付现,只需支付少量保证金,一般都是到期轧抵,支付差额,因此远期外汇投机不需要持有足够的现金或外汇即可进行规模交易。

🔗 想一想：即期外汇投机(Spot Speculation)与远期外汇投机(Forward Speculation)哪种交易投机性更强?

🔍 例 4-13

当市场即期汇率为 USD1＝CHF1.653 0 时,某投机者预测美元将会升值:①他应该是买入美元还是卖出美元? ②如果交易额为 100 万美元,一段时间以后,市场汇率变为 USD1＝

CHF1.658 0,问其获利情况如何？ ③如果市场汇率变为 USD1＝CHF1.642 0,情况又如何？

分析：

(1) 该投机者预测美元将会升值,他应该买入美元。

(2) 当市场汇率变为 USD1＝CHF1.658 0 时,其获利情况为

$$100 万美元×(1.658 0－1.653 0)＝5 000 美元$$

(3) 如果市场汇率变为 USD 1＝CHF1.642 0,该投机者将会蒙受损失。

损失金额为：

$$100 万美元×(1.642 0－1.653 0)＝11 000 美元$$

通过上述案例可以看出,投机的正确方法如下。

(1) 当预测货币将升值时,就预先买入该种货币。

(2) 当预测货币将贬值时,就预先卖出该种货币。

远期外汇投机(Forward Speculation)的两种基本形式为买空交易和卖空交易。

(一) 买空交易

买空(Buy Long)交易又称"多头"(Bull),即投机者预测某种外汇汇率将会上升,则先买(远期)后卖(即期/远期),即先低进,后高出,从中获利。

例 4-14

在法兰克福外汇市场,若某德国外汇投机商预测英镑对美元的汇率将会大幅上升,他就可以做买空交易,先以当时的 1 英镑＝1.555 0 美元的 3 月期远期汇率买进 100 万 3 个月英镑远期;3 个月后,当英镑对美元的即期汇率涨到 1 英镑＝1.755 0 美元时,他就在即期市场上卖出 100 万英镑。轧差后他就会获得 100 万×(1.755 0－1.555 0)＝20 万美元的投机利润。

(二) 卖空交易

卖空(Sell Short)交易又称"空头"(Bear),即投机者预测某种外汇汇率将会下跌,则先卖(远期)后买(即期/远期),即先高进,再低出,从中获利。

例 4-15

在东京外汇市场,某年 3 月 1 日,某日本投机者判断美元在以后 1 个月后将贬值,于是他立即在远期外汇市场上以 1 美元＝110.03 日元的价格抛售 1 月期 1 000 万美元,交割日是 4 月 1 日。到 4 月 1 日时,即期美元的汇率不跌反升,为 1 美元＝115.03 日元。该日本投机者在即期外汇市场购买 1 000 万美元现汇实现远期和约交割,为此蒙受 1 000 万×(115.03－110.03)＝5 000 万(日元)的损失。

可见,投机行为是否获利或获利大小取决于投机者预测汇率走势的准确程度,如果投机者预测失误,则会蒙受损失。

**小贴士**

外汇套期保值与外汇投机的区别

（1）套期保值者是为了避免汇率风险而轧平外汇头寸，而投机者则是有意识地制造外汇头寸。

（2）套期保值都有实际的商业或金融业务与之相对应，外汇买卖时，有真实数额的资金，而外汇投机则没有。

（3）套期保值的成本固定以避免更大损失，而投机具有不确定性。

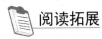**阅读拓展**

中国银行远期外汇交易办理程序

1. 资格审查

客户申请办理远期外汇买卖业务必须有合法的进出口贸易或其他保值背景，并提供能证明其贸易或保值背景的相关经济合同（如进出口贸易合同、标书、海外工程承包合同、信用证或贷款合同等）。

2. 办理程序

（1）银企双方签署《保值外汇买卖总协议》。

（2）在银行开立外币保证金账户，交存不低于交易本金10％的保证金，保证金币种限于美元、港币、日元和欧元。在中行贷款或信用证项下的远期外汇买卖及中行100％担保项下的外汇买卖可视具体情况，经批准后，相应地减免保证金。

（3）填妥保值外汇买卖申请书，经企业法人代表或有权签字人签字，并加盖公章，到银行询价交易。在中国银行分支机构贷款、信用证或担保项下的远期外汇买卖，客户可填妥保值外汇买卖申请书委托相应的分支机构进行询价交易。

在交易方式上，客户也可以预留指令，要求在什么价位购买何种货币，或者向银行提交授权书。授权书内容具有法律约束力，原则上客户必须在交易前填写；也可以在授权书中授权有权交易人通过电话向银行询价交易。客户通过电话达成交易后第二个工作日必须向银行补交成交确认书。若有分歧以银行交易电话录音为准。

3. 交割手续

（1）客户应在交易起息日当天到银行办理交割手续，否则银行将按有关规定给予处罚。在外汇买卖如期交割后，客户将剩余保证金转走时，须凭企业出具的保证金支取通知书办理有关支取手续。

（2）客户因故不能按期办理交割，需要展期的，应在不迟于交割日3个工作日前向银行提出展期申请，经银行审核同意后，填写保值外汇买卖申请书，通过办理掉期外汇买卖进行展期。反之，客户要对已达成的远期交易提前交割，应在提前交割的3个工作日前向银行提出申请，经银行审核同意后，填写保值外汇买卖申请书通过办理掉期外汇买卖调整交割日期。

4. 注意事项

客户叙做的远期外汇买卖因汇率波动可能会造成浮动亏损，当亏损达到客户存入保证金的80％时，银行将随时通知客户追加保证金，客户应及时补足保证金，否则银行将视情况予以强制平仓,由此产生的一切费用及损失由客户负责。

中国银行远期外汇买卖流程如图 4-1 所示。

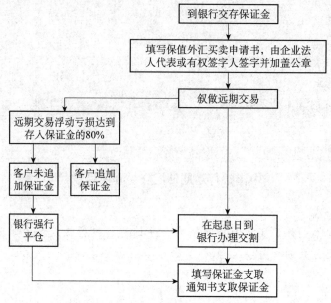

图 4-1　中国银行远期外汇买卖流程图

第四节　特殊的远期外汇交易

一、掉期交易

（一）什么是掉期交易

掉期交易（Swap Transaction）是指外汇交易者在买进或卖出一定期限的某种货币的同时,卖出或买进期限不同、金额基本相同的同种货币的交易。

据统计,世界主要外汇市场上,大多数远期交易都是掉期交易的一部分,即只有 5％左右属于单纯远期外汇交易。

例 4-16

一家美国投资公司需要 100 万英镑现汇进行投资,预期 3 个月后可以收回投资。为了防止 3 个月后英镑汇率下跌,则该公司利用掉期业务,即期买进 100 万英镑的同时,卖出 3 个月远期 100 万英镑期汇,从而转移此期间英镑汇率下跌而承担的风险。

例 4-17

某企业从日本借入一笔 1 年期 1 亿日元的贷款,由于该企业需从美国进口原材料加工生产,产成品销往美国,该公司进口付汇和出口收汇都是用美元计价的。因此,该企业到中国银行申请即期卖出日元买入美元的同时,为保证1年后有足够的日元还贷款和控制汇率风险,再叙做了一笔远期买入日元卖出美元的业务,从而达到固定成本,防范汇率风险的目的。

(二)掉期交易的特点

在掉期交易中,买卖的数额始终不变,即掉期交易改变的不是交易者手中持有的外汇数额,而是交易者所持货币的期限。具体特点如下。

(1)买与卖是同时进行的。

(2)买与卖的货币种类相同,金额相等。

(3)买与卖的交割期限不相同。

(4)掉期交易主要在银行同业间进行,一些大公司也利用其进行套利活动。

想一想: 掉期交易中两种货币的交易有哪些相同点和不同点?

(三)掉期交易的类型

按交割日的不同,掉期交易分为以下三种。

1. 即期对远期的掉期交易

即期对远期的掉期交易(Spot-forward Swaps)是最典型最普遍的掉期交易,相当于在买进(卖出)某种货币的同时,反方向的卖出(买进)远期该种货币的交易,即买进即期,卖出远期(例4-16),或卖出即期,买进远期(例4-17)。该种交易主要用于避免外汇头寸风险和外汇资产或负债因汇率变动而遭受的风险。

2. 远期对远期的掉期交易

远期对远期的掉期交易(Forward-forward Swaps)是在远期外汇市场上同时买进并卖出不同期限的同种远期货币的交易形式,如买进3个月远期的同时卖出6个月的远期。这种交易方式既可用于避险,也可用于某一段时期内的外汇投机,即较短期限,较长期限的外汇交易。

3. 即期对即期的掉期交易

即期对即期的掉期交易(Spot-Spot Swaps)又称一日掉期,即同时买进和卖出交割日不同的即期外汇。例如,掉期中一笔交易在成交后第一个营业日交割,另一笔则在成交后第二个营业日交割。这种交易主要用于银行间的资金拆借。

(四)掉期交易的应用

1. 利用掉期交易防范汇率风险

利用掉期交易防范汇率风险的应用举例见例4-18。

例4-18

一家美国公司准备在英国市场进行投资,投资金额为100万英镑,期限为6个月。

思考:该公司如何防范汇率风险?

分析：该公司可进行一笔即期对远期的掉期交易，即买进 100 万即期英镑的同时，卖出 100 万的 6 个月远期英镑，由此防范汇率风险。

例 4-19

一家日本贸易公司向美国出口产品，收到货款 500 万美元。该公司需将货款兑换为日元用于国内支出，同时公司需从美国进口原材料，并将于 3 个月后支付 500 万美元的货款。思考：公司采取何种措施来规避风险？

分析：该公司可做一笔 3 个月美元兑日元掉期外汇买卖：即期卖出 500 万美元（买入相应的日元）的同时，买入 3 个月远期 500 万美元（卖出相应的日元），由此防范汇率风险。

2. 利用掉期交易解决外汇合约的延期问题

利用掉期交易解决外汇合约的延期问题应用举例见例 4-20。

例 4-20

通达进出口公司与某非洲公司签订了一份出口合同，价值 10 万美元，6 个月后结算。为防范汇率风险，通达公司与银行进行了远期外汇交易，卖出 6 个月期远期外汇美元。6 个月后，进口商不能按期付款，通知通达公司须延期 2 个月付款。这就造成了通达公司与银行签订的远期合同无法履行的问题。

思考：通达公司应如何解决出现的问题呢？

分析：6 个月后，该公司进行一笔掉期业务，即买入即期 10 万美元的同时卖出 10 万 2 个月的远期美元，既防范了汇率风险，又解决了合同延期的问题。

二、择期交易

上述远期外汇交易的交割日是固定的，然而在国际交易中，有时不能提前确切知道付款或收款的日期，在此情况下，交易中不需要固定交割日期，但需要固定汇率，这样便产生了远期择期外汇交易。

知识链接 4-2
人民币外汇掉期与
人民币外汇货币掉期

（一）什么是远期择期交易

远期择期交易（Forward Option）是指交易一方在合同的有效期内任何一个营业日，要求交易的另一方按照双方约定的远期汇率进行交割的远期外汇交易。根据交割日的期限范围可分为完全择期交易和部分择期交易。

例 4-21

5 月 10 日美国进口商同英国客户签订合同，从英国进口价值 100 万英镑的货物，合同要求货到后 1 个月付款。按照规定，货物必须在签订合同后 1 个月内到达，但在哪一天到达无法事前确知。5 月 10 日的汇率行情如下。

即期汇率　　　　　　　　1 个月远期　　　　　　　2 个月远期
GBP/USD＝2.523 0/40　　10/20　　　　　　　　30/50
思考：进口商如何防范汇率风险？

分析：因为无法确定哪一天付款，进口商只能签订2个月远期择期交易合同，即从签订进出口合同之日起，2个月之内的任何一天均可交割。

在择期交易中，事先确定交易货币的种类、数量、汇率和期限，而外汇的具体交割日在合约规定的期限内由客户选择决定。因此，远期择期交易使客户在时间上有主动权，银行是被动的，因而银行应该在汇率上得到补偿，即选择对自己最有利的汇率。

（二）如何确定择期汇率

1. 择期汇率的确定方法一

当银行卖出择期外汇时，若远期外汇升水，则银行要求汇率接近择期期限结束时的汇率B（见图4-2）；若远期外汇贴水，则银行要求汇率接近择期期限开始时的汇率C（见图4-3）。

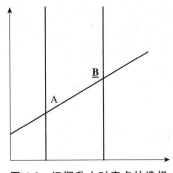

图4-2 远期升水时卖点的选择

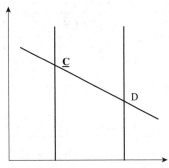

图4-3 远期贴水时卖点的选择

2. 择期汇率的确定方法二

当银行买入择期外汇时，若远期外汇升水，则银行要求汇率接近择期期限开始时的汇率A（见图4-4）；若远期外汇贴水，则银行要求汇率接近择期期限结束时的汇率D（见图4-5）。

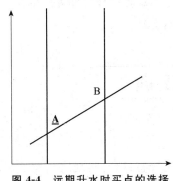

图4-4 远期升水时买点的选择

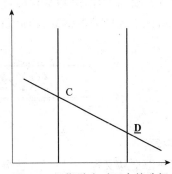

图4-5 远期贴水时买点的选择

例4-22

假如某年4月6日的汇率如表4-2所示，根据表中汇率回答下列问题。

（1）客户用英镑向银行购买期限为5月6日—6月6日的择期远期美元，银行应采用哪个汇率？

（2）客户用美元向银行购买期限为5月6日—7月6日的择期远期日元，银行应采用哪个汇率？

（3）客户向银行出售期限为 5 月 6 日—7 月 6 日的择期远期日元，买入远期美元，银行应采用哪个汇率？

（4）客户向银行出售期限为 6 月 6 日—7 月 6 日的择期远期新加坡元，银行应采用哪个汇率？

（5）客户向银行购买期限为 4 月 6 日—7 月 6 日的择期远期新加坡元，银行应采用哪个汇率？

表 4-2　某年 4 月 6 日的汇率

期限 ＼ 汇率	GBP/USD	USD/JPY	USD/SGD	起　算　日
即期汇率	1.581 0/90	124.75/85	1.611 0/1.612 0	4 月 6 日
1 个月	1.514 1/54	124.15/28	1.612 5/1.613 5	5 月 6 日
2 个月	1.510 0/13	123.60/75	1.614 0/1.615 0	6 月 6 日
3 个月	1.505 5/71	123.10/24	1.615 5/1.616 5	7 月 6 日

分析：

根据择期汇率的确定方法，上述 5 个问题应分别选择如下汇率：

① 1.510 0；　② 123.10；　③ 124.28；　④ 1.616 5；　⑤ 1.611 0

本章要点

1. 远期外汇交易概述，包括远期外汇交易交割日的推算和远期外汇交易的报价。
2. 远期汇率的确定与计算。
3. 远期外汇交易的应用，包括保值性远期外汇交易和投机性远期外汇交易。
4. 两种特殊的远期外汇交易，即掉期交易和择期交易。

综合练习与实训

一、填空题

1. 远期外汇交易又称_____，是指买卖双方先行签订合同，规定买卖外汇的币种、数额、汇率和将来交割的时间，到规定的_____，按合同规定，卖方交汇、买方收汇的外汇交易。

2. 市场上 3 位做市商的 USD/JPY 报价如下：

	A 银行	B 银行	C 银行
即期	152.00/50	152.00/25	151.90/15
3 月期	36/33	37/34	38/36

请问客户应从_____银行买入远期日元，远期汇率为_____。

3. 市场上做市商的 GBP/USD 报价如下：

	A 银行	B 银行	C 银行
即期	1.633 0/40	1.633 1/39	1.633 2/42
1 个月	39/36	42/38	39/36

请问客户应从_____银行买入远期英镑,远期汇率为_____。

二、选择题

1. 以下选项中可以作为远期外汇交易的交割日的是(　　)。

    A. 成交的当日   B. 成交后的第 2 个营业日

    C. 成交后的第 3 个营业日   D. 成交后的 1 周

    E. 成交后的 1 个月

2. 以下选项中属于掉期交易的是(　　)。

    A. 买进 100 万即期美元同时卖出 100 万远期美元。

    B. 卖出 2 000 万即期日元同时买进 2 000 万远期日元。

    C. 买进 500 万即期美元同时卖出 600 万远期美元。

    D. 买进 500 万即期英镑同时卖出 500 万即期美元。

    E. 买进 500 万"T＋0"交割的即期美元同时卖出 500 万"T＋1"交割的即期美元。

3. 假设目前市场上美元兑港元的汇率为 USD/HKD＝7.784 0,美国利率为 10%,中国香港利率为 7%,则 3 个月远期美元兑港元汇率应是(　　)。

    A. 0.058 4   B. 7.784 0   C. 7.725 6   D. 7.842 4

4. 以下关于远期套期保值说法错误的是(　　)。

    A. 远期套期保值是一种投机性远期外汇交易

    B. 通过远期外汇业务买卖,客户可事先将某一项目的外汇成本固定,或锁定远期外汇收付的换汇成本,避免汇率波动可能带来的损失

    C. 进出口商和国际投资者的套期保值,可以避免国际合同实施时差所带来的汇率波动风险

    D. 外汇银行通过套期保值轧平外汇头寸

5. 以下关于外汇套期保值与外汇投机的区别说法正确的是(　　)。

    A. 外汇投机有真实数额的资金,而套期保值没有

    B. 投机成本固定,而套期保值不固定

    C. 套期保值者是为了避免汇率风险而轧平外汇头寸,而投机者则是有意识地制造外汇头寸

    D. 套期保值没有风险,而投机风险很大

6. 当市场即期汇率为 USD1＝CHF1.653 0 时,某投机者预测美元将会升值,他应该是(　　)。

    A. 先买后卖   B. 先卖后买

    C. 场外观看   D. 买入卖出皆可

7. 当市场即期汇率为 USD1＝CHF1.653 0 时,某投机者预测美元将会升值而进行了买空交易,如果交易额为 100 万美元,一段时间以后,市场汇率变为 USD1＝CHF1.658 0 ,以

下说法正确的是（　　）。

  A. 盈利 5 万 CHF   B. 盈利 5 000CHF

  C. 亏损 5 万 CHF   D. 亏损 5 000CHF

  8. 当市场即期汇率为 USD1＝CHF1.653 0 时，某投机者预测美元将会升值而进行了买空交易，如果交易额为 100 万美元，一段时间以后，市场汇率变为 USD1＝CHF1.642 0，则（　　）。

  A. 盈利 2 万 CHF   B. 盈利 1.1 万 CHF

  C. 亏损 2 万 CHF   D. 亏损 1.1 万 CHF

  9. 5 月 20 日，A 公司与 B 银行达成一笔 3 个月的部分择期外汇交易，约定 8 月份进行交割，则 A 公司可以在（　　）向 B 银行提出交割。

  A. 工作日 6 月 20 日   B. 工作日 7 月 1 日

  C. 工作日 8 月 1 日   D. 工作日 8 月 24 日

三、计算题

1. 中国香港某外汇银行报出的美元兑英镑、日元价格如下。

即期汇率	1 个月远期	2 个月远期
GBP1＝USD1.554 0/50	20/10	35/20
GBP1＝JPY121.30/40	15/25	20/40

请写出完整远期汇率。

2. 假设目前市场上美元兑港元的汇率为 USD1＝HKD7.784 0，美国利率为 10%，中国香港利率为 7%，则 3 个月远期美元兑港元汇率应是多少？

四、实训题

1. 瑞士某出口商向美国出口一批电脑，价值 100 万美元，2 个月后收汇。假定外汇市场行情如下：即期汇率为 USD1＝CHF0.919 4/28；2 个月远期差价为 20/10。

问题：

(1) 如果该出口商不进行套期保值，将会损失多少本币？（假设 2 个月后市场上的即期汇率为 USD1＝CHF0.909 8/30）

(2) 出口商如何利用远期业务进行套期保值？

2. 美国某进口商从英国进口一批货物，价值 100 万英镑，3 个月后付款。设外汇市场行情如下：即期汇率为 GBP1＝USD1.349 9/30；3 个月远期差价为 10/20。

问题：

(1) 如果该进口商不进行套期保值，将来的损益情况如何？（假如 3 个月后英镑升值，市场上的即期汇率变为 GBP1＝USD1.364 0/70）

(2) 进口商如何利用远期业务进行套期保值？

3. 中国香港某投资者购买 100 万美元，投资 3 个月，年利率为 5%。当时外汇市场行情如下：即期汇率为 USD1＝HKD7.785 4/75；3 个月的远期差价为 20/10。

问题：如何利用远期外汇交易进行套期保值？

4. 中国香港一家公司以 5% 的年利率借到了 100 万英镑，期限 6 个月。然后，该公司将英镑兑换成港元使用。有关的外汇市场行情为：即期汇率为 GBP1＝HKD10.509 5/20；6 个月远期差价为 100/150。

问题:如何利用远期外汇交易进行套期保值?

5. 在纽约外汇市场上,美元兑英镑的 1 月期远期汇率为 GBP1＝USD1.472 0,美国某外汇投机商预期 1 个月后英镑的即期汇率将上升,且大于目前 1 个月远期英镑的汇率,则该投机商如何利用远期交易进行投机?

假设交易金额为 100 万英镑。1 个月后,如果市场如该投机商所预测,英镑即期汇率上涨,假设上涨到 GBP1＝USD1.476 0,问该投机商的投机利润是多少?

如果 1 个月后的即期汇率为 GBP1＝USD1.468 0,则该投机商的获利情况又如何?

第五章

外汇期货交易

🚩 知识目标

1. 正确理解外汇期货交易的含义及特点；
2. 了解外汇市场的构成；
3. 熟悉外汇期货交易与远期外汇交易的异同；
4. 掌握外汇期货交易的规则。

📋 技能目标

1. 能够熟悉不同交易方式下的外汇期货交易流程；
2. 掌握外汇期货交易的操作技巧。

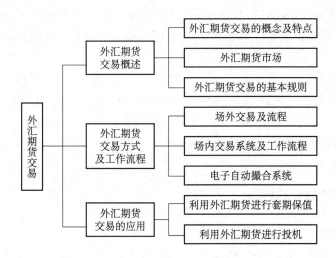

学习导航

外汇期货交易
- 外汇期货交易概述
  - 外汇期货交易的概念及特点
  - 外汇期货市场
  - 外汇期货交易的基本规则
- 外汇期货交易方式及工作流程
  - 场外交易及流程
  - 场内交易系统及工作流程
  - 电子自动撮合系统
- 外汇期货交易的应用
  - 利用外汇期货进行套期保值
  - 利用外汇期货进行投机

课前导读

利用外汇期货防范汇率风险

日本某出口商 5 月份预计在 8 月份有 1 亿美元流入,但不知道 8 月份的汇率水平为多少,如果美元汇率下跌,该出口商将蒙受损失,因此他希望将汇率波动的风险转移出去。于是,他到期货市场上与人签订了一个标准化合约,合约规定他有权在 8 月份按特定的价格出售一定数量的美元给对方,从而换取日元。

这个合约就是外汇期货合约,其作用是将汇率风险转移出去,以达到保值避险的目的。

通过该案例,你对期货有什么样的认识? 它与远期交易有哪些共同点,又有哪些区别? 本章将从其概念和特点出发,对外汇期货市场的构成、外汇期货交易的规则以及不同交易方式下的外汇期货交易流程和外汇期货交易的操作技巧进行阐述。

第一节 外汇期货交易概述

外汇期货属于金融期货,起源于商品期货交易。自 20 世纪 70 年代,国际汇率制度逐渐由固定汇率制转向浮动汇率制,从而使汇率风险剧增。为了有效防范风险,在传统的远期外汇交易方式上产生了外汇期货交易。

一、外汇期货交易的概念及特点

(一)外汇期货交易的概念

外汇期货(Currency Exchange Futures)又称货币期货,是金融期货的一种。

外汇期货交易是指外汇期货交易双方在外汇期货交易所买卖未来某一特定日期的标准化外汇期货合约的交易。1972 年美国芝加哥商品交易所新设了一个分部——"国际货币市场"(International Monetary Market,IMM),这是世界上最早的货币期货交易所。

外汇期货交易的主要目的是为了对汇率的变动提供套期保值。其原理是，由于期货的价格以现货价格为基础，因此，它与现货价格呈同方向变动，这样为使未来的外汇头寸的汇率风险得以消除，可以在期货市场上做反方向交易，以期货市场上得到的利润来抵补现汇市场上的损失。

例如，某英国公司3个月后需支付一笔货款为100万瑞士法郎，英国人担心未来瑞士法郎升值使自己支付更多的英镑，于是他可以在期货市场上买入8月份瑞士法郎期货合约（每份合约相当于12.5万瑞士法郎）。一旦未来瑞士法郎即期汇率真的上升，瑞士法郎期货的价格也会上升，他就可以在期货市场以更高的价格卖出瑞士法郎，抵偿自己由于即期汇率波动而受到的损失。

（二）外汇期货交易的特点

1. 标准化合约

外汇期货合约是标准化合约，即交易的货币种类和交易数量的标准化。外汇期货交易的主要品种有美元、欧元、英镑、日元、瑞士法郎、加拿大元、澳大利亚元等。但不同货币的合约规模（交易单位）是不同的，如表5-1所示，芝加哥国际货币市场（IMM）上英镑期货合约的交易单位是62 500英镑，瑞士法郎期货合约的交易单位是125 000瑞士法郎。

表5-1　芝加哥国际货币市场外汇期货合约概况

合约种类	交易单位	基本点数	最小价格变动/USD	一张合约最小价格变动/USD	合约时间/月
欧元（EUR）	12 500	0.000 1	0.000 1	12.5	3、6、9、12
英镑（GBP）	62 500	0.000 2	0.000 2	12.5	3、6、9、12
瑞士法郎（CHF）	125 000	0.000 1	0.000 1	12.5	3、6、9、12
加元（CAD）	100 000	0.000 1	0.000 1	10	3、6、9、12
澳元（AUD）	100 000	0.000 1	0.000 1	10	3、6、9、12
日元（JPY）	12 500 000	0.000 001	0.000 001	12.5	3、6、9、12

2. 交割月份、交割日和最后交易日的规定

交割月份是外汇期货合约规定的期货合约交割的月份，一般为每年的3月、6月、9月和12月。由于绝大部分合约在到期前已经对冲，故到期实际交割的合约只占很少的一部分。

交割日是合同上规定的交割日期，即交割月份中的某一日。每种货币期货都有固定的交割日，不同的交易所有不同的规定，如IMM市场的交割日为到期月份的第三个星期三。如果交割日恰逢休市日不营业，则向后顺延。

最后交易日是指期货可以进行交易的最后一天。各交易所对此也有具体规定，如IMM的最后交易日为到期月份第三个星期三之前的两个营业日。

3. 统一的价格表示方法

期货价格是指期货合约中规定的期货交易的价格，即未来结算所使用的价格，也称为履

约价格(Exercise Price,Strike Price)。在 IMM 市场上,所有的货币价格均以美元表示,外汇期货的价格总是处在不断地变化之中(见图 5-1 和图 5-2)。

Currencies Futures prices as of February 14th, 2022 - 02:28 CST

名称	月	最新	涨跌额	开盘	最高	最低	时间	图表
♠ U.S. Dollar Index	Mar 22	96.270	+0.197	96.010	96.280	95.910	02:34	Q / C / O
♠ British Pound	Mar 22	1.3505	-0.0042	1.3558	1.3569	1.3503	02:34	Q / C / O
♠ Canadian Dollar	Mar 22	0.78280	-0.00200	0.78525	0.78605	0.78275	02:34	Q / C / O
♠ Japanese Yen	Mar 22	0.868350	+0.000400	0.866150	0.868700	0.865300	02:34	Q / C / O
♠ Swiss Franc	Mar 22	1.08110	-0.00050	1.08200	1.08240	1.08030	02:34	Q / C / O
♠ Euro FX	Mar 22	1.13205	-0.00225	1.13515	1.13765	1.13190	02:34	Q / C / O
♠ Australian Dollar	Mar 22	0.70990	-0.00275	0.71315	0.71510	0.70985	02:34	Q / C / O
♠ Mexican Peso	Mar 22	0.048460	-0.000030	0.048430	0.048560	0.048410	02:34	Q / C / O
♠ New Zealand Dollar	Mar 22	0.66010	-0.00300	0.66360	0.66475	0.66000	02:34	Q / C / O
♠ South African Rand	Mar 22	0.065625	+0.000325	0.065375	0.065750	0.065325	02:28	Q / C / O
♠ Brazilian Real	Mar 22	0.18915	-0.00165	0.18905	0.18925	0.18690	02:34	Q / C / O
♠ British Pound (P)	Feb 22	1.3549s	-0.0025	0.0000	1.3549	1.3549	02/14/22	Q / C / O
♠ Canadian Dollar (P)	Feb 22	0.78485s	-0.00150	0.00000	0.78485	0.78485	02/14/22	Q / C / O
♠ Japanese Yen (P)	Feb 22	0.867700s	+0.004900	0.000000	0.867700	0.867700	02/14/22	Q / C / O
♠ Swiss Franc (P)	Mar 22	1.08160s	+0.00050	0.0000	1.08160	1.08160	02/14/22	Q / C / O
♠ Euro FX (P)	Feb 22	1.13365s	-0.01135	0.0000	1.13365	1.13365	02/14/22	Q / C / O
♠ Australian Dollar(P)	Feb 22	0.71255s	-0.00445	0.00000	0.71255	0.71255	02/14/22	Q / C / O
♠ New Zealand Doll.(P)	Mar 22	115.26	+0.05	115.50	115.50	115.26	02:05	Q / C / O
♠ South African (P)	Mar 22	0.053000s	-0.000325	0.053000	0.053000	0.053000	05/22/20	Q / C / O
♠ Brazilian Real (P)	Dec 22	98.0850s	-0.0050	98.0650	98.1250	98.0300	02/11/22	Q / C / O

图 5-1　美国期货市场报价

4. 法律效力

期货合约是在期货交易所组织下成交的,具有法律效力,价格是在交易所的交易厅里通过公开竞价方式产生的。

5. 外汇期货合约规定最小波幅

价格最小波幅是外汇期货在合约的买卖时,由于供需关系使合约价格产生变化的最低限度。例如,英镑期货合约的价格最小波幅为每 1 英镑的美元汇价的 2 个基点,每份合约的美元价值为 12.5 美元;加拿大元期货合约的价格最小波幅为每 1 加拿大元的美元汇价的 1 个基点,每份合约的美元价值为 10 美元;等等。

6. 外汇期货合约规定涨跌限制

涨跌限制是指每日价格最大波动限制(Daily Limit Moves)。一旦价格波动超过该幅度,交易自动停止,这样交易不致因价格的暴涨暴跌而蒙受巨大损失。各种外汇期货合约的每日变化的最大幅度也各不相同,如 IMM 规定开市时,日元期货的每日价格最大波动为 200 点,每点的价位是 12.5 美元,所以日元期货每份合约的每日价格最大波动为 2 500 美元。

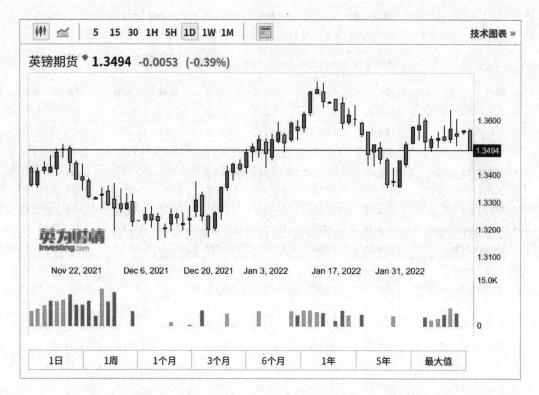

图 5-2　英镑期货价格

昨收	1.3547	合约月份	2022年3月	最小变动价位	0.0001
开盘	1.3561	合约大小	62,500 GBP	最小变动点值	6.25
当日幅度	1.3502 - 1.3569	结算方式	实物交割	品种代码	MP
52 周范围	1.316 - 1.4256	结算日	2022/03/14	基点值	1 = $62500
1年涨跌幅	- 2.1%	最后展期日	2021/06/13	个月	FGHJKMNQUVXZ

7. 通用代号

在具体操作中,交易所和期货佣金商及期货行情表都是用代号来表示外汇期货,如英镑为 BP、加元为 CD,日元为 JY,瑞士法郎为 SF,墨西哥比索为 MP 等。

（三）外汇期货与远期外汇的比较

1. 相同点

外汇期货与远期外汇的相同点如下。

（1）都是通过合同形式,把购买或卖出外汇的汇率固定下来。

（2）都是在一定时期以后交割,而不是即时交割。

（3）购买与卖出的目的都是为了保值或投机。

2. 不同点

外汇期货与远期外汇的不同点如表 5-2 所示。

表 5-2 外汇期货与远期外汇的区别

比较项目	外汇期货	远期外汇
交易场所	有形的期货交易所	无形市场
交易货币的种类、期限	少数几种,标准化的交割期限,如到期月份的第三个星期三	无固定的标准
合约的价值	合约的价值是标准化的	没有严格的规定
标价方式、报价方式	外汇期货价格的表示方法是标准化的,如 IMM 以美元以外的其他货币作为单位货币,任一时刻成交价是唯一的	多数使用美元标价法,同时给出买入价和卖出价,它们都可以是成交价
交易时间	交易所营业的时间	24 小时都可以
交易者的资格	交易所的会员,非会员须通过会员经纪人	虽无资格限制,但受交易额限制
合约风险	一般不存在信用风险	可能产生信用风险
保证金	保证金是交易的基础	一般不收取保证金,为远期合同金额的 5%～10%
现金流动的时间	每日都有	交割时才会有现金流动
合约的流动性	强,实际交割的不到 2%,绝大多数提前对冲	差,90% 以上到期交割

二、外汇期货市场

(一)外汇期货市场的构成

外汇期货市场(Forward Exchange Market)是指按一定的规章制度买卖期货合同的有组织的市场,一般由外汇期货交易所、清算机构、会员、经纪商和一般客户构成,如图 5-3 所示。

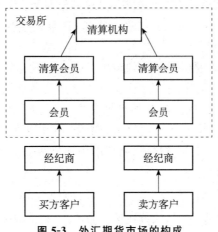

图 5-3 外汇期货市场的构成

1. 期货交易所

期货交易所(Futures Exchange)是具体买卖期货合同的场所。期货交易所是自发的、非营利性的会员组织，由交易所会员共同出资建立。交易所是非营利性机构，本身不参加交易，不拥有任何商品，只是提供交易的场地、设备，并制定相应的规章制度。只有取得交易所会员资格的人才能进入交易所场地内进行期货交易，而非会员则只能通过会员代理进行期货交易。

目前，全球较大的外汇期货交易所主要有芝加哥商业交易所(CME)的国际货币市场(IMM)、伦敦国际金融期货交易所(LIFFE)、费城期货交易所(PBOT)、中美洲商品交易所(MCE)、东京期货交易所(TIFFE)、新加坡期货交易所(SIMEX)和悉尼期货交易所(SFE)等，每个交易所基本都有本国货币与其他主要货币交易的期货合约。

2. 清算机构

清算机构(Clearing Traders)又称清算公司、结算所，是交易所下属的具有独立法人资格的营利性机构。清算机构负责对期货交易所内的期货合约进行登记、交易和清算，它是期货市场运行机制的核心。

清算机构同时是期货合约买卖双方的最后结算者。对于买方来说，清算机构是卖方；对于卖方来说，清算机构则是买方。交易所会员在买进或卖出期货合约时，先不做现金结算，而是由清算机构统一办理。

3. 交易所会员

交易所会员(Exchange Members)是在期货交易所中拥有会员资格的自然人或法人，即通常我们所说的在交易所拥有"席位"。交易所席位本身是一个具有价值的商品，可以在市场上进行转让和买卖。例如，现在芝加哥商业交易所的一个席位的价格大约是 765 000 美元，而在 1997 年 12 月的价格为 465 000 美元。

会员缴纳会费，以保证交易所的正常运作；当交易所经营出现亏损时，会员必须承担增缴会费的义务；而当交易所出现盈余时，会员没有回报的权利。交易所会员有权在交易所内从事交易活动，对交易所的运作经营具有发言权。交易所会员通常分为两类：一般会员和全权会员。

(1) 一般会员是指在期货交易所内从事与自己生产和经营业务有关的期货和约买卖的会员。一般会员不能接受其他非会员的委托，代理其他非会员的交易。

(2) 全权会员是指那些不仅可以自己进行交易，还可以接受非会员的委托，代理其他非会员在交易所进行交易的会员。

成为期货交易所会员，需要经过严格的审查。交易所设有专门的会员资格审查委员会，对申请成为会员的交易商从经营、信用、财政及社会地位等各方面进行严格审查。一般来说，交易所会员的数量是有限制的，如芝加哥期货交易所会员人数总计 3 490 人，其中正式会员 1 402 人；芝加哥商品交易所会员人数 2 724 人，其中芝加哥商品交易所会员席位 625 人，国际货币市场部分席位 812 人，指数及期权市场部分席位 1 287 人。

4. 经纪商

经纪商(Futures Commissions company)是为买卖双方代为达成外汇期货合约的公司。经纪商必须是经注册的期货交易所的会员，按其职能不同，可分为场内经纪商(Floor Brokers)和场内交易商(Floor Traders)。

（1）场内经纪商是广大非会员参加期货交易的中介，其主要职能是：向客户提供完成交易指令的服务；记录客户盈亏，并代理期货合同的实际交割；处理客户的保证金；向客户提供决策信息以及咨询业务等，同时收取佣金。

（2）场内交易商一般只为自己的利益进行外汇期货交易，以赚取买卖差价为主。

想一想：以上两种经纪商承担风险的情况如何？

5. 一般客户

一般客户（General Trader）也称公众交易者或非商业交易者，是指非交易所会员的客户。这些交易者从事交易的主要目的是防范风险或投机。非会员交易者只有通过经纪商才能参与期货的买卖。

（二）外汇期货市场的功能

1. 价格发现

价格发现即外汇期货市场形成货币价格。这些货币价格反映了大量买方和卖方对目前供求形势和价格的综合看法。

2. 风险转移

套期保值通过对外汇期货合约的买卖，将面临的汇率风险转移出去，以达到避险的目的。

3. 投机

投机是指在目前或未来并无现货头寸的情况下进行外汇交易，而从期货的价格变动中获得利润的行为。由于期货市场保证金要求不高，因而投机者可以用少量资金进行大规模的投机活动。

三、外汇期货交易的基本规则

外汇期货交易的基本规则是指由交易所制定的、旨在保证交易顺利进行的规章制度中最为重要的交易规则，主要包括公开叫价制度、保证金制度、每日清算制度、结算及交割等。下面重点介绍保证金制度和每日清算制度。

（一）保证金制度（Margin System）

保证金是用来确保期货买卖双方履约并承担价格变动风险的一种财力担保金。在外汇期货交易中设立保证金是为了防止投资者因为外汇期货市场汇率变动而违约，从而给结算公司带来损失。

参加外汇期货交易的各方必须缴纳保证金。会员必须向交易所的清算机构缴纳保证金，非会员必须向经纪公司（会员）缴纳保证金。期货交易的保证金除了防止各方违约的作用外，还是结算制度的基础。

保证金按缴纳的时间和金额比例不同分类有以下几种。

1. 初始保证金

初始保证金（Initial Margin）也称为原始保证金（Original Margin），是交易中新开仓时必须依照各类合约的有关规定向清算所缴纳的资金，通常为交易总额的一定比例。例如，IMM 规定英镑期货合约的初始保证金为每张 2 800 美元，任何人只要在外汇期货市场上开户并交足初始保证金，就可以进行外汇期货交易。

2. 维持保证金

经过每日清算后，交易者每日的浮动盈亏将会增减保证金账户余额，超过原始保证金部分的金额可以被交易者提领。同时，保证金账户也规定了一个交易者必须维持的最低余额，称为维持保证金（Maintenance Margin）。例如，IMM 规定英镑期货合约的维持保证金为 2 100 美元，即当交易中如果当日亏损，保证金账户余额低于 2 100 美元时，必须在规定的时间内将保证金补充至初始余额 2 800 美元，否则在下一交易日，交易所有权强行平仓。

3. 变动保证金

变动保证金（Variation Margin）也称为追加保证金，即初始保证金与维持保证金之间的差额，如表 5-3 所示。

表 5-3　IMM 外汇期货合约保证金的要求

期货合约货币种类	初始保证金	维持保证金
英镑	2 800	2 100
日元	2 700	2 000
瑞士法郎	2 700	2 000
加元	1 000	800
澳元	2 000	1 500

 想一想：　每种期货合约的变动保证金是多少？

保证金制度是期货制度的灵魂，其顺利实施又有赖于每日清算制度。

（二）每日清算制度（Mark to Market Daily）

每日清算制度是指交易所的清算机构在每日闭市后对会员的保证金账户进行结算、检查，通过适时发出保证金追加单（Margin Call），使保证金余额维持在一定水平，即在维持保证金之上，从而防止负债发生的一种制度，其目的是控制期市风险。

每日清算制度的实施过程如下。

（1）每一交易日结束后，清算机构根据当日成交情况结算出当日结算价格。

（2）根据结算价格计算每位会员持仓的浮动盈亏，调整其保证金账户余额。

（3）若调整后的保证金账户余额小于维持保证金，交易所便发出通知，要求在下一交易日开始之前追加保证金，否则强行平仓。

由于每日清算制度的存在，会员账户上每日都有现金流的发生（见表 5-4）。

表 5-4　现金流与保证金情况变化表

日　期	结算价	变　动	客户 A（买入）现金流/美元	客户 A（买入）余额/美元	客户 B（卖出）现金流/美元	客户 B（卖出）余额/美元
7月5日	0.613 2			初始 2 000		初始 2 000
	0.614 0	+0.000 8	+100.0	2 100.0	−100.0	1 900.0
7月6日	0.615 2	+0.001 2	+150.0	2 250.0	−150.0	1 750.0
7月7日	0.607 8	−0.007 4	−925.0	1 325.0	+925.0	2 675.0
7月8日	0.609 9	+0.002 1	+262.5	2 262.5	−262.5	2 412.5
7月9日	0.605 7	−0.002 4	−300.0	1 962.5	+300.0	2 712.5
合　计		−0.005 7	−712.5	−712.5	+712.5	+712.5

注:其中 0.613 2 为开立价,0.607 5 为终结价。

第二节　外汇期货交易方式及工作流程

外汇期货交易主要可通过下列 3 种方式进行:以公开叫价的形式在交易大厅内进行、场外交易和利用电子自动配对系统(如 GLOBEX)进行。目前衍生品交易正在向全电子化方向发展。下面分别对 3 种交易方式进行简要介绍。

一、场外交易及流程

场外交易是指没有会员资格的客户,通过委托经纪公司进行期货交易的行为,其交易流程如下。

(1)选择期货经纪公司。经纪公司是普通客户和交易所之间的纽带,因此选择一个运作规范、服务优良、综合实力较强的经纪公司是期货交易的首要环节。

(2)开户与入金。客户应与所选择的期货经纪公司签订开户合同书及其他必要的相关文件,如电话委托协议、网上委托协议,并开立期货交易账户,根据自身交易要求,投入一定保证金。

(3)下达指令。客户(期货买方或卖方)根据对期货行情的分析判断,选择通过书面委托、电话委托、网上委托等方式买入或卖出、开仓或平仓某一种数量的某种期货合约。

(4)指令进场交易。经纪公司将客户指令直接下达至期货交易所场内主机,按时间优先、价格优先的原则进行撮合交易。

(5)成交回报。经纪公司将成交情况按事先约定的方式回报给客户。

(6)结算。经纪公司根据交易所每日收盘后公布的统一结算价对客户当日交易及持仓情况进行盈亏、手续费、保证金等的清算,并向客户提供相关的结算单据。客户也可自行拨打电话或上网查询。

(7)交割。外汇期货合同具有双向性,因此外汇期货交易极少在到期日交割,一般随时做一笔相反方向的交易进行平仓。

二、场内交易系统及工作流程

交易池是交易所指定的可以进行期货交易的指定场所。场内交易是传统的期货交易方式。交易所交易大厅根据交易品种的不同，分割成不同的交易区域——交易池。交易池是整个交易所交易体系的中心，每一种期货合约的竞价就在这里进行。

交易所的交易池一般呈八角形或圆形，四周是由高向低的台阶，中间交易池处于最低的位置，两边台阶依次上升，交易者站在台阶上，每个人都比前边的人高一点。交易池分成多个交易区域，近期交易合约处于一个特定的位置，而远期月份的合约则分布在近期合约的周围。

下面以美国芝加哥商业交易所（CME）为例，介绍期货委托单在系统内流转的传统步骤（见图5-4）。

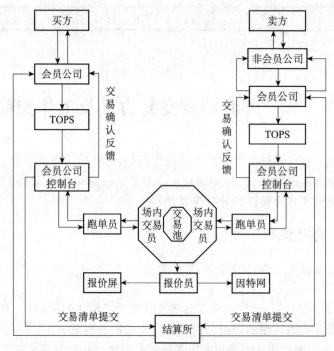

图5-4 CME期货委托单在系统内流转的传统步骤

（1）客户决定买进或卖出某期货合约。通过期货经纪商的下单软件将订单的详细信息（交易手数、买或卖、交易品种、交割月份、希望成交价格等）直接传至指定交易所的TOPS终端。TOPS系统会根据交易订单的信息，首先确认账户的合法性，通过确认的订单将自动传送到指定交易池的经纪商公司的会员控制台，或通过电话将订单信息传至期货经纪商，再由期货经纪商直接传至其指定交易池的控制台。

（2）会员控制台收到客户指令后，会马上通知跑单员，跑单员将尽快通知场内交易员。控制台到场内交易员的连接，目前很多公司已经使用掌上电脑进行，控制台收到客户订单信息的第一时间，场内交易员已经得到相应的信息。场内交易员可以马上撮合交易，这缩短了成交的时间，提高了工作效率。

（3）场内交易员通过公开喊价撮合成交客户的订单，一旦完成撮合过程，场内交易员马上将成交信息记录到记录卡上，将记录卡交给跑单员，由跑单员将交易信息（记录卡）传给控制台。

(4)控制台工作人员将交易信息输入计算机,传送回公司和客户。同时将交易记录传至结算所,等待最后确认。

(5)收到结算所通知后,期货经纪商编制交易确认报告并寄给客户,完成整个交易。

由此可见,整个过程多人参与,各司其职。尽管有多个步骤,但整个过程非常高效,委托单可以在一至两分钟内执行完毕。

三、电子自动撮合系统

进入 21 世纪,随着计算机技术的快速发展,越来越多的交易品种已经开始使用电子自动撮合系统。目前,各期货交易所都在抓紧时间完成各品种的电子交易系统。例如,2006 年8 月 1 日,芝加哥期货交易所终于启动了呼唤已久的电子平台"肩并肩"(Side by Side)与场内公开喊价(Out Cry)实现同时运行,同年 8 月 28 日开始的人民币期货交易,不采用场内交易,而直接采用电子交易系统(GLOBEX)。这些信号暗示,电子交易有在未来取代场内交易的趋势。

电子自动撮合系统是将所有的电子终端通过因特网连接后,再连接到一个电子自动撮合系统终端,如 CME 的 GLOBEX 终端,它将按照价格优先、时间优先的交易规则自动完成买卖撮合(First In,First Out)。

以 CME 的电子交易系统 GLOBEX 为例,当客户通过期货代理公司的终端进入GLOBEX 执行和约的买卖时,系统将首先核实账户的合法性和资金,在几秒内,客户将收到一条信息"订单已经被系统接受"(The order has been received by the system),之后计算机将根据价格优先、时间优先的原则,将客户的订单放到队列中对应的位置等待系统自动撮合。

以下是电子自动撮合系统的流程图,如图 5-5 所示。

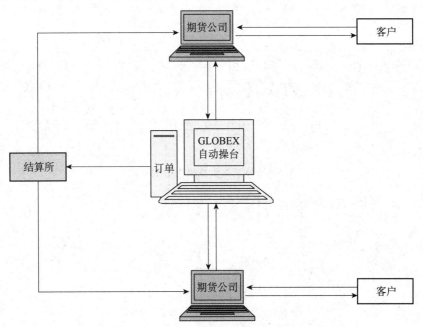

图 5-5 电子自动撮合系统的流程图

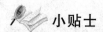 **小贴士**

外汇期货交易手势

在场内交易方式下，场内经纪人根据订单要求在交易柜台内公开叫价，与交易对方定价成交并记录确认交易行为。在交易大厅场音嘈杂时，他们用一套标准手势来进行交易，如图5-6～图5-9所示。

随着计算机的飞速发展，现在越来越多的品种采用了计算机自动交易系统，在不久的将来，也许大家将看不到这种壮观、声势浩大的池内手势交易系统了。

成交价格：只用手势表示出最后一位数，如图5-7所示。

交易手势：代表数字的手势指向面部，如图5-8所示。

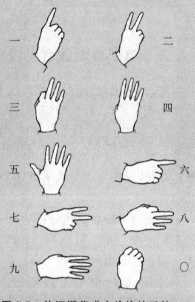

图5-7 外汇期货成交价格的手势

图5-6 外汇期货买卖的手势

图5-8 外汇期货交易手数的手势

交割月份，手势如图5-9所示。

图5-9 外汇期货交割月份的手势1

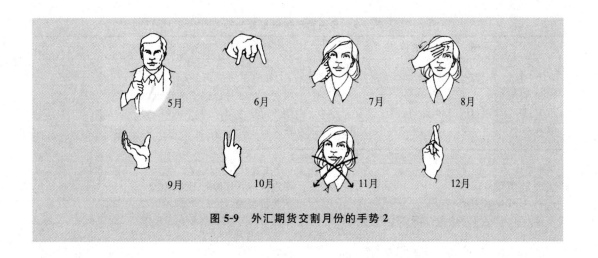

图 5-9 外汇期货交割月份的手势 2

第三节 外汇期货交易的应用

一、利用外汇期货进行套期保值

由于汇率的大幅度波动,使外汇持有者、贸易厂商、银行、企业等均需采用套期保值,将风险降至最低限度。

套期保值又称对冲交易,是指利用外汇现货市场价格与期货市场价格同方向、同幅度变动的特点,在外汇现货市场与期货市场做方向相反、金额相等的两笔交易,以便对持有的外币债权或债务进行保值。

外汇期货价格与即期外汇价格变动呈一致性的特性,这是外汇期货交易可以用来防范汇率风险的原因。

目前,我国还没有推出货币期货,外汇的“套期保值”可在海外完成。据了解,国内企业在做贸易计划时,都会附带一个“套期保值”计划,用来保证自己的利润空间。

套期保值分为买入套期保值和卖出套期保值。

(一)买入套期保值——多头套期保值(Long Hedge)

买入套期保值是指在期货市场上先买进某种货币期货,然后卖出该种货币期货,以抵消现汇汇率上升而给持有的外汇债务带来的风险。这一操作适用于进口商、短期外汇负债者。

例 5-1

3月末美国某公司急需一笔资金,而其瑞士分公司在9月前恰巧有(35万)瑞士法郎暂时不用,于是总公司将瑞士分公司的35万瑞士法郎调回国使用,为防范3个月后瑞士法郎风险,决定做多头套期保值,如表5-5所示。

表 5-5　多头套期保值损益分析 1

现汇市场上的损益	期货市场上的损益
4 月 1 日 卖出 35 万瑞士法郎 汇率：USD1＝CHF1.540 4 收入：350 000÷1.540 4＝227 213.71 美元	4 月 1 日 买进 3 份 8 月份瑞士法郎期货 期货价格为：每份 0.645 8USD 需支付：125 000×3×0.645 8＝242 175 美元
7 月 1 日 买进 35 万瑞士法郎 汇率：USD1＝CHF1.539 6 支付：350 000÷1.539 6＝227 331.78 美元	7 月 1 日 卖出 3 份 8 月份瑞士法郎合约 期货价格为：每份 0.649 4USD 收入：125 000×3×0.649 4＝243 524 美元
亏损：227 213.71－227 331＝－118.07 美元	赢利：243 525－242 175＝1 350 美元

　　分析：从表 5-5 中可以看出，由于瑞士法郎汇率上升，使得 3 个月的现汇市场上买进 35 万瑞士法郎多支付 118.07 美元，但期货市场赢利 1 350 美元，大大抵消了这一损失。同理，如果 3 个月后瑞士法郎下跌，公司期汇损失可通过现汇市场得以补偿。

例 5-2

　　美国某进口商在 3 月 8 日从瑞士进口价值 240 000 瑞士法郎的商品，3 个月后，即 6 月 8 日需向瑞士出口商支付 240 000 瑞士法郎的货款。假设 3 月 8 日的市场行情为即期汇率 USD1＝CHF1.651 1，6 月期瑞士法郎期货价格为每份 0.605 7USD；6 月 8 日的市场行情为即期汇率 USD1＝CHF1.647 1，期货的价格为每份 0.607 1USD。

　　思考：美国进口商如何利用期货交易防范汇率风险？

　　分析：见表 5-6。

表 5-6　多头套期保值损益分析 2

日期	即期市场上的损益	期货市场上的损益
3 月 8 日	CHF240 000÷1.651 1＝145 357.64 美元	买进 2 份瑞士法郎期货，价值为 2×125 000×0.605 7＝151 425 美元
6 月 8 日	CHF240 000÷1.647 1＝145 710.64 美元	卖出 2 份瑞士法郎期货，价值为 2×125 000×0.607 1＝151 775 美元
	在即期市场上，如果在 6 月 8 日买入瑞士法郎与在 3 月 8 日买入相比，需多付 145 710.64－145 357.64＝353 美元	在期货市场上可多得 151 775－151 425＝350 美元

　　表 5-6 说明该美国进口商通过期货市场上的收益弥补了即期市场上的损失。

（二）卖出套期保值——空头套期保值（Short Hedge）

　　空头套期保值是指在期货市场上先卖出某种货币期货，然后买进该种货币期货，以抵消现汇汇率下跌给持有的外汇债权带来的风险。

这一操作适用于出口商和应收款的外汇债权者。

例 5-3

美国的某跨国公司设在英国的分支机构急需 625 万英镑现汇支付当期的费用,此时美国的这家跨国公司正好有一部分闲置资金,于是 3 月 12 日向分支机构汇去了 625 万英镑(按当日的现汇汇率 GBP1＝USD1.579 0/1.580 6 进行折算)。为了避免将来收回款项时(设 3 个月后偿还)因汇率波动(英镑汇率下跌)带来的风险,美国这家跨国公司便在外汇期货市场上做英镑空头套期保值业务(见表 5-7)。

表 5-7 空头套期保值损益分析 1

现 汇 市 场	期 货 市 场
6 月 12 日,按当日汇率 GBP1＝USD1.580 6 买进 625 万英镑,价值 987.875 万美元	6 月 12 日,卖出 100 份于 9 月份到期的英镑期货合约,每份 62 500 英镑,价格为每份 1.580 0 美元,获得 987.5 万美元
9 月 12 日,按当日汇率 GBP1＝USD1.574 6 卖出 625 万英镑,价值 984.125 万美元	9 月 12 日,买进 100 份 9 月份到期的英镑期货合约,价格为每份 1.573 3 美元,支付 983.312 5 万美元
盈亏计算:984.125－987.875＝－3.75 万美元	盈亏计算:987.5－983.312 5＝4.187 5 万美元

思考:请对该跨国公司的交易进行分析。

分析:从表 5-7 可以看出,由于英镑兑美元贬值,该跨国公司在现汇市场上的交易亏损 3.75 万美元,在外汇期货市场上的交易赢利 4.187 5 万美元,套期保值最终赢利为 4 375 美元。如果该公司没有进行套期保值,在 6 月 12 日的现汇市场买入 625 万英镑,9 月 12 日收回英镑时在现汇市场卖出,会因英镑贬值而净损失 3.75 万美元。当然,如果英镑升值,该损失不会发生。但是,在 6 月 12 日买入现汇时,并不知道 3 个月后英镑到底升值还是贬值,升值固然有利,万一贬值该公司必然蒙受损失。一旦采取了套期保值,英镑在现汇市场上贬值,在期货市场上也会贬值,由于期货与现汇是反方向的操作,因此该公司在外汇期货交易中将获利,以此抵消现汇交易中的损失。

例 5-4

在 9 月 6 日,美国出口商向加拿大出口一批货物,价值 500 000 加元,以加元结算,3 个月后收回货款,美国出口商用外汇期货交易来防范汇率风险。9 月 6 日的市场行情为即期汇率 USD1＝CAD1.177 9,12 月份的加元期货价格为每份 0.849 0 美元;12 月 6 日的市场行情为即期汇率 USD1＝CAD1.182 0,12 月份的加元期货价格为每份 0.846 0 美元。

思考:美国出口商如何利用期货交易防范汇率风险?

分析:见表 5-8。

表 5-8　空头套期保值损益分析 2

日期	即期市场上的损益	期货市场上的损益
9 月 6 日	500 000 加元价值相当于 500 000÷1.177 9＝424 484.25 美元	卖出 5 份 12 月期的期货,价值为 5×100 000×0.849 0＝424 500 美元
12 月 6 日	500 000 加元价值相当于 500 000÷1.182 0＝423 011.84 美元	买入 5 份 12 月期的期货对冲原有期货,价值为 5×100 000×0.846 0＝423 000 美元
	12 月 6 日卖出加元与 9 月 6 日卖出加元相比,损失为:423 011.84－424 484.25＝－1 472.41 美元	在期货市场上加元的对冲交易,收益为:424 500－423 000＝1 500 美元

二、利用外汇期货进行投机

外汇期货投机是指外汇期货投机者并未实际持有外币债权或债务,而是通过自己对外汇期货行情的预测,通过在期货市场上的贱买贵卖来赚取差价利润。

与套期保值者不同的是,外汇期货投机并不是因为债权与债务结算而进入外汇市场,这完全是投资者根据自己对期货行情的预测及判断,进行对冲赚取差价的行为。若该投机者预测汇率上涨买入外汇期货契约,即做多头,若预测下跌则卖出期货契约,即做空头。

(一)多头投机

多头投机又称买空交易,是指投机者预测将来某种外汇期货合约的价格将上涨,便先购买该合约,即做多头,待价格上涨至预期目标时,再将其卖出以获得低价买、高价卖的好处。

例 5-5

某外汇投机商 3 月 1 日预测日元对美元汇率上升,于当天在 IMM 市场买进 12 月交割的日元期货合约 10 份,并按要求缴纳了保证金。6 月 1 日日元果然升值,则抛出 10 份日元期货合约,获利情况如下:

3 月 1 日买进 10 份日元期货合约(12 月交割),成交价为 100 日元＝0.781 3 美元;

6 月 1 日卖出 10 份日元期货合约(12 月交割),成交价为 100 日元＝0.819 7 美元。

赢利:1 250 万×10×(0.819 7－0.781 3)÷100＝4.8 万美元。

(二)空头投机

空头投机又称卖空交易,是指投机者预测将来某种外汇期货合约的价格将下跌,而采取事先出售该合约,即做空头,待价格下跌至预期目标时,再买进该合约以获得高价卖、低价买的好处。空头投机的原理和多头投机一样,只是反向运作。

多头和空头投机成功的关键是投机者能否正确地预测未来汇率的变化方向。如果预测准确的话,会因期货交易的杠杆效应带来巨大的收益;但如果期货行情与所预测方向相反,则会给投机者带来难以估计的损失,这正是外汇期货投机的巨大风险所在。

例 5-6

7月9日,甲、乙二投机者对期货价格走势进行了预测,甲认为瑞士法郎期货价格将升高,乙认为瑞士法郎期货价格将走低,二人分别根据自己的预测判断情况进行了10份瑞士法郎期货投机。设7月5日他们买卖九月期瑞士法郎期货的成交价都是每份0.611 6美元,到8月9日9月份期货价格的结算价为每份0.600 8美元(一份瑞士法郎期货合约的价值为125 000瑞士法郎)。

问题:

(1) 甲、乙二人分别进行了何种交易?

(2) 到8月9日收盘后,二人账面损益分别为多少? 为什么?

分析:

(1) 甲进行多头投机(预测行情上涨,先买后卖);乙进行空头投机(预测行情下跌,先卖后买)。

(2) 二人账面损益的计算:

$$(0.611\ 6-0.600\ 8)\times125\ 000\times10=13\ 500\ \text{美元}$$

由于8月9日期货价格正如乙所判断的下跌行情,因此乙的收益为13 500美元;甲的损失为13 500美元。

原因是甲判断失误,乙判断正确。

 阅读拓展

人民币期货价格走势

什么是人民币期货?

人民币货币期货是一种根据人民币与其他货币汇率交易的期货产品。

人民币货币期货交易主要面向在港人民币资金,只要开立了中国香港股票期货账户,公司便会派境外专员上门为投资者办理开户手续,然后进行网上交易。从今天开始,投资者可以在期货交易软件上看到人民币期货合约的报价。

人民币期货上线的好处如下。

人民币期货的上线,意味着市场将迎来对冲汇率波动的利器,对于外贸企业而言,人民币期货意义重大。

分析认为,由于缺少汇率风险对冲工具,企业在国际贸易中经常会面临着汇率大幅波动的风险。人民币期货推出之后,有助于外贸企业提前锁定人民币与国际货币美元间的汇兑成本,大幅提高外贸企业的抗风险能力。

港交所衍生产品市场总监黄栢中举例说,很多内地制造商的收入是美元,成本支出为人民币,近年深受人民币升值之苦,中小企业之前的应对策略不多,但可通过人民币期货抵消升值带来的潜在损失。相反,若持有大量人民币资产,担心未来会贬值,也可通过人民币期货来对冲。

同时,人民币期货的推出,也将给中国企业海外并购与投资以及外商来华直接投资提供便利,因为上述交易同样需要对冲人民币汇率波动风险。

资料来源:金投网,2020-06-28.

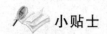 **小贴士**

美国 CME 交易所内的人员构成

1. 场内经纪人

场内经纪人（Floor Brokers）主要是帮助客户在交易池（Pit）内完成订单的撮合。其中，有一部分场内经纪人是独立会员，自己本身拥有交易所席位，可以直接接受客户的订单，替客户完成场内交易过程；另一部分是会员公司的雇员，只替会员公司的客户完成场内交易。

场内经纪人身穿红色马甲，或自己公司标志性的颜色。

注意：目前很多场内经纪人在替客户交易的同时，也在为自己交易。

2. 自营交易员

自营交易员（Locals）通常是交易所会员，或租用交易所席位，在场内专门为自己交易，不代替别人进行交易的场内交易员。

自营交易员根据持仓的时间不同，分为以下3种。

（1）日交易者（Day Trader）。他们一般在开盘后就进场，在收盘之前了解所有的头寸，只进行当天的交易，这种交易的数额一般都比较大。

（2）头寸交易者（Position Trader）。他们一般会持有头寸几周后才进行平仓，实现对冲。他们大多是专业的投资大户，资金量比较雄厚，交易量大，持仓时间也比较长。

（3）抢帽子者（Scalpers）。他们在交易所四处活动，只要发现买卖双方的价格出现了有利可图的价差，就马上介入，以赚取哪怕是十分微薄的利润。他们的投资金额不大，交易量小，持仓时间短，但是，他们是交易池中最活跃的因素，频繁地买进卖出，填补买卖价差，有利于均衡价格形成。

注意：现在有一部分自营交易员在自己交易的同时，也替某会员公司的客户进行交易。

3. 会员公司职员

会员公司通常在交易池旁边设有一个控制台，有专门的职员盯守。其主要任务是接受会员公司的客户通过电话或电子网络传来的买卖订单，然后及时将订单传给跑单员，由跑单员通知场内交易员，完成撮合成交后，及时将跑单员传回的成交信息传回会员公司，同时转发至结算所，会员公司接收到数据后会及时通知客户，确认订单已成交。

职员通常穿着特殊颜色的制服，如在芝加哥商业交易所CME各会员公司职员的制服为金色的外套。

4. 跑单员

跑单员（Runners）的职责是将控制台接收到的客户订单指令的详细信息及时传给本公司的场内交易员，或替公司完成交易的入市交易员（自营交易员）。等交易员完成交易池内撮合交易后，及时将交易员完成的交易记录卡传给公司控制终端，由公司职员输入计算机，传给结算所、公司和客户。

随着计算机的普及和快速发展，目前一些公司的跑单员的工作已经被先进的掌上电脑所取代。例如,现在被广泛使用的 CUBC 和 EC,将控制台与场内交易员连接,完全取代了跑单员的工作,使得交易的速度和准确性大大提高了。

跑单员的制服的颜色为金色外套。

5. 交易所雇员

交易池内的交易所雇员有:交易池监督和报价员。

交易池监督确保交易池秩序正常,使交易能够在公开、公平和公正的原则下进行。一旦发现交易中的问题,及时通知相关行政部门或直接上报交易委员会。

报价员将最后成交的价格输入计算机,最后的价格通过网络显示在报价屏上,所有的场内交易员都可以看到。同时,这些数据也会在第一时间传给数据提供商(如美联社、路透社等),通过数据提供商传至世界各个需要的角落。

美国 CME 交易所内的人员构成如图 5-10 所示。

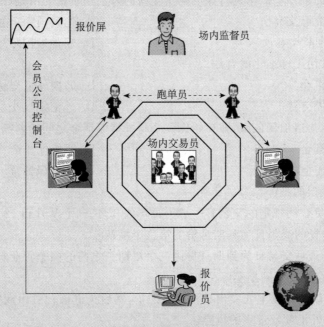

图 5-10 美国 CME 交易所内的人员构成

 本章要点

1. 外汇期货交易的概念及特点,外汇期货市场的构成及交易规则。

2. 外汇期货交易方式及流程,包括场外交易及流程、场内交易系统及流程,以及电子自动撮合系统。

3. 外汇期货交易的应用,包括外汇期货交易的主要功能、外汇期货套期保值,以及外汇期货投机的操作。

知识链接 5-1
英镑有可能出现
技术性反转

综合练习与实训

一、填空题

1. 外汇期货交易是通过买卖_____的外汇期货合约来进行的外汇交易。

2. 外汇期货市场一般由_____、_____、_____、_____、_____构成。

3. _____交易适用于进口商、短期外汇负债者，而_____交易适用于出口商、应收款的外汇债权者。

二、选择题

1. 目前，公认的世界上最早进行外汇期货交易的外汇期货交易所是(   )。

   A. 芝加哥商品交易所　　　　　　　　　B. 伦敦国际金融期货交易所

   C. 新西兰期货交易所　　　　　　　　　D. 新加坡国际外汇交易所

2. (   )通常使用标准化的合约。

   A. 远期外汇交易　　　　　　　　　　　B. 即期外汇交易

   C. 外汇期货交易　　　　　　　　　　　D. 外汇期权交易

3. (   )也称为追加保证金，即初始保证金与维持保证金之间的差额。

   A. 初始保证金　　　　　　　　　　　　B. 原始保证金

   C. 维持保证金　　　　　　　　　　　　D. 变动保证金

4. 以下说法错误的是(   )。

   A. 外汇期货合约规定的交割月一般为每年的 3 月、6 月、9 月和 12 月

   B. IMM 市场的交割日为到期月份的第三个星期三

   C. IMM 的最后交易日为到期月份第三个星期三之前的两个营业日

   D. 大部分合约要等到期实际交割

5. (   )指在期货市场上先卖出某种货币期货，然后买进该种货币期货，以抵消现汇汇率下跌而给持有的外汇债权带来的风险。

   A. 买入套期保值　　　　　　　　　　　B. 卖出套期保值

   C. 多头投机　　　　　　　　　　　　　D. 空头投机

三、简答题

1. 简述外汇期货交易的特点。

2. 简述外汇期货市场的功能。

四、案例分析题

1. 某年 3 月 6 日，美国一出口商向澳大利亚出口一批货物，价值 500 000 澳元，以澳元结算，3 个月后收回货款，若 3 个月后澳元贬值，试分析以下问题。

   (1) 如果不采取任何保值措施，该美国出口商将会面临损失还是获得收益？

   (2) 该美国出口商如何利用外汇期货交易来防范汇率风险减少损失？

2. 某年 2 月 15 日，甲、乙二投机者对期货价格走势进行了预测，甲认为加元期货价格将

升高,乙认为加元期货价格将走低,二人分别根据自己的预测判断情况各进行了2份加元期货投机。设2月15日他们买卖3月期加元期货的成交价都是每份0.845 0美元,到3月9日,3月份期货价格的结算价为每份0.850 0美元,试分析以下问题。

(1) 甲、乙二人分别进行了何种交易?

(2) 到3月9日收盘后,二人账面损益分别为多少? 为什么?

五、实训题

1. 美国某公司在3月份买进英国分公司设备100万英镑,双方商定3个月后付款。美国公司担心3个月内英镑升值,公司会支付更多的美元货款。为此,美方决定通过期货市场防范风险。若3月份即期汇率为1英镑=1.800 0美元,此时期货价格(6月到期)为1英镑=1.950 0美元。(假设6月份即期汇率为1英镑=1.980 0美元,此时六月份到期的期货价格为1英镑=2.150 0美元。)

分析与计算:该美国公司如何利用期货交易防范汇率风险? 如果不考虑佣金、保证金及利息,计算该美国公司的盈亏。

2. 假定某美国公司一个月后有一笔外汇收入500 000英镑,即期汇率为1英镑=1.325 0美元,为避免一个月后英镑贬值的风险,决定卖出8份一个月后到期的英镑期货合同,成交价为每份1.322 0美元。一个月后英镑果然贬值,即期汇率为1英镑=1.280 0美元,相应的,英镑期货合约的价格下降到每份1.282 0美元。

分析与计算:该美国公司如何利用期货交易防范汇率风险? 如果不考虑佣金、保证金及利息,计算该公司的盈亏。

3. 某年3月10日,美国一个出口商向澳大利亚出口一批货物,价值500 000澳元,以澳元结算,3个月后收回货款,美国出口商用外汇期货交易来防范汇率风险(一份加澳期货合约的标准价值为100 000澳元),3月10日有关的价格为:即期汇率为1澳元=0.713 6美元,6月份澳元期货价格为每份0.713 0美元。(假设6月10日的即期汇率为1澳元=0.725 5/65美元,6月份期货价格为每份0.724 5美元。)

分析与计算:该美国公司如何利用期货交易防范汇率风险? 如果不考虑佣金、保证金及利息,计算该公司的盈亏。

4. 美国某进口商在10月15日从德国进口价值250万欧元的商品,2个月后,即12月15日需向德国出口商支付200万欧元的货款。假设10月15日的市场行情为即期汇率EUR1=USD1.134 5,12月期欧元期货价格为每份1.134 0USD;12月15日的市场行情为即期汇率EUR1=USD1.138 5,期货的价格为每份1.138 6USD。

分析与计算:该美国公司如何利用期货交易防范汇率风险? 如果不考虑佣金、保证金及利息,计算该公司的盈亏。

第六章

外汇期权交易

知识目标

1. 了解外汇期权交易的概念；
2. 了解外汇期权费的影响因素；
3. 掌握外汇期权交易的应用。

技能目标

1. 学会外汇期权套期保值的操作方法；
2. 学会外汇期权投机套利的操作方法。

学习导航

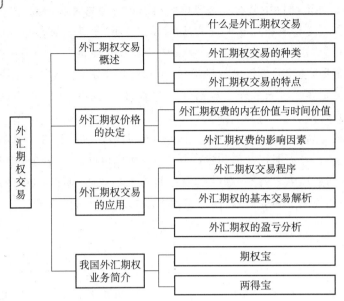

课前导读

就在各家银行为自己的外汇理财产品摇旗呐喊的同时,外汇专家告诉记者,其实除了购买现成外汇理财产品和炒汇之外,有实力的市民还可以关注一下外汇期权业务。期权业务分为买入期权和卖出期权两种,客户卖出期权的期限固定为一周、两周、一个月和三个月;客户买入期权的最长期限为两周,最短为一天,期限较短,特别适合于短线操作。

一般而言,某一货币利率上升的前期都会带来该货币汇率的上升,投资者只要把握好时机,基于自己对外汇汇率走势的判断,选择看涨或看跌货币,一定会得到丰厚的回报。专家建议,在目前美元利率逐步走强,投资者可以购买一部分外汇产品,同时留足一部分外汇资金,根据自己的判断,在征求外汇专家意见的基础上,适当尝试外汇期权业务,说不定会有意外的惊喜。

通过这则新闻,我们可以看出,外汇期权业务已经离我们的生活越来越近。那么什么是期权业务,如何进行操作以达到保值增值的目的? 本章从外汇期权的基础知识出发,详细阐述影响外汇期权价格的主要因素,以及外汇期权交易的具体应用。

第一节　外汇期权交易概述

一、什么是外汇期权交易

外汇期权(Option)是一种选择权合约,它授予期权买方在合约期内,按照协定汇率买入或出售一定数额的某种外汇资产的权利,卖方收取期权费,并有义务应买方要求卖出或者买入该币外汇。期权买方获得的是一种权力而不是义务,如果市场行情对买方不利,他可以不行使权力,使其到期作废,损失的只是预付的期权费。

1982年12月,外汇期权交易在美国费城股票交易所率先开展,其后芝加哥商品交易所、阿姆斯特丹欧洲期权交易所和加拿大的蒙特利尔交易所、伦敦国际金融期货交易所等都先后开办了外汇期权交易。目前,美国费城股票交易所和芝加哥期权交易所是世界上具有代表性的外汇期权市场,经营的外汇期权种类包括英镑、瑞士法郎、加拿大元等。

外汇期权交易是客户对未来外汇资金进行保值的有效手段。在到期日或之前,期权的买方有权利决定是否按照合同约定价格买入或卖出一定数量的外汇。为了获得这一权利,期权的买方需要在交易之初付出一笔费用,如果合同期满期权的买方不行使权利,则权利失效,并且费用不退还。外汇期权交易与远期外汇买卖的不同在于:远期外汇买卖将未来的换汇成本锁定,完全回避风险,不论有利的机遇还是不利的风险;而外汇期权交易则是管理风险,即以一定的费用规避不利的风险,同时保留有利的机遇以从中获利。

📟🔍 例6-1

张先生以1 000美元的权利金买入了一张价值100 000美元的欧元/美元的欧式看涨合约,合约规定期限为3个月,执行价格为1.150 0。3个月后的合约到期日,欧元/美元汇率为1.180 0,则此人可以要求合约卖方以1.150 0卖给自己价值100 000美元的欧元,然后他可以再到外汇市场上以1.180 0的汇率抛出,所得赢利减去最初支付的1 000美元即是其最后的赢利。如果买入期权合约3个月后,欧元/美元汇率为1.120 0,此时执行合约还不如直接在外汇市场上买合算,于是张先生可以选择放弃执行合约的权利,损失最多1 000美元。

二、外汇期权交易的种类

(一) 按照期权所赋予的权力分

按照期权所赋予的权力分,外汇期权可分为买入期权和卖出期权。

(1) 买入期权(Call Option)也称看涨期权,是指期权买方有权在合约有效期内按照协定价格买入某一特定数量的外汇资产的权利,但不同时负有必须买进的义务。为了取得这些权利,期权购买者在购买期权时付给卖者一定数量的期权费。当人们预测某种外汇资产价格要上涨,就会买入这种看涨期权,如果市场汇率涨到协定汇率之上,则期权买方可要求履约;反之可以不履行合约。

(2) 卖出期权(Put Option)也称看跌期权,是指期权买方有权在合约有效期内按照协定价格卖出某一特定数量的外汇资产的权利,但不同时负有必须卖出的义务。为了取得这些权利,期权购买者在购买期权时需付给卖者一定数量的期权费。当人们预测某种外汇资产价格要下跌,就会买入这种看跌期权,如果市场汇率下跌到协定汇率之下,则期权买方可要求履约;反之可以不履行合约。

📟🔍 例6-2

某美国进口商从英国进口一批货物,3个月后将支付16万英镑。假定签订进口合同时的即期汇率为 1 英镑＝1.6 美元(即协定汇率 1 英镑＝1.6 美元),该进口商为避免 3 个月后英镑升值造成损失,以 1 600 美元的期权费买入欧式期权保值。3 个月后可能会出现三种情况:英镑升值、英镑贬值、英镑汇价不变。

问:该进口商应如何操作? 其损益情况如何?

分析:

(1) 若英镑升值,则该进口商履行期权。

若 3 个月后的即期汇率为 1 英镑＝1.65 美元,该进口商履行期权后可节省 6 400 美元,即

$$(160\ 000 \times 1.65) - (160\ 000 \times 1.6) - 1\ 600 = 6\ 400 \text{ 美元}$$

(2) 若英镑贬值,则该进口商放弃期权。

若 3 个月后的即期汇率为 1 英镑＝1.55 美元,该进口商放弃期权后可节省 6 400 美元,即

$$(160\ 000 \times 1.6) - (160\ 000 \times 1.55) - 1\ 600 = 6\ 400 \text{ 美元}$$

(3) 若英镑汇价不变,仍是 1 英镑＝1.6 美元,则该进口商既可以履行期权,也可以放弃期权,其损失仅仅是 1 600 美元的期权费。

例 6-3

瑞士某出口商向美国出口一批机器设备,3 个月后收货款 180 万美元。假如签订出口合同时的即期汇率为 1 美元＝1.35 瑞士法郎(即协定汇价为 1 美元＝1.35 瑞士法郎),该出口商为避免 3 个月后美元贬值造成损失,以 3 600 瑞士法郎的期权费买入欧式期权保值。3 个月后可能会出现三种情况:美元升值、美元贬值、美元汇率不变。

问:该出口商应如何操作? 其损益情况如何?

分析:

(1) 若美元升值,则该出口商放弃期权。

若 3 个月后的即期汇率为 1 美元＝1.40 瑞士法郎,该出口商可获得 86 400 瑞士法郎,即

$$(180\ \text{万} \times 1.40) - (180\ \text{万} \times 1.35) - 3\ 600 = 86\ 400 \text{ 瑞士法郎}$$

(2) 若美元贬值,则该出口商履行期权。

若 3 个月后的即期汇率为 1 美元＝1.30 瑞士法郎,该出口商可获得 86 400 瑞士法郎,即

$$(180\ \text{万} \times 1.35) - (180\ \text{万} \times 1.30) - 3\ 600 = 86\ 400 \text{ 瑞士法郎}$$

(3) 若美元汇价不变,仍是 1 美元＝1.35 瑞士法郎,则该出口商既可以履行期权,也可以放弃期权,仅损失是 3 600 瑞士法郎的期权费。

(二) 按照期权执行的时间分

按照期权执行的时间分,外汇期权可分为美式期权和欧式期权。

(1) 美式期权是指期权买方在支付一定期权费给卖方后,合约赋予买方充分的权利,使买方可以在定约日至合约到期日(含到期日)之间任何时间执行期权,即买方在此期间内可随时要求卖方卖出或买入某种外汇资产。

（2）欧式期权是指期权买方在支付一定期权费给卖方后，只能在规定的到期日才能要求卖方履约，执行其权利。

相对而言，美式期权为买方提供更多的选择机会，相应地，卖方承担的风险也大一些，因此，买方需要支付更多的期权费。而欧式期权较为刻板，但期权卖方的风险要小些，因而欧式期权的期权费较为便宜。

例 6-4

一家公司于 3 月 1 日购买了一份 6 月 1 日到期的欧式期权，它将在什么时间行使其权利？若其购买的是美式期权，又将在什么时间行使其权利？

分析：如果公司购买的是欧式期权，公司只能在合约到期日即 6 月 1 日要求卖方履约。如果公司购买的是美式期权，公司可以在 3 月 1 日—6 月 1 日任何时间要求卖方执行期权。

（三）按照约定价格与市场条件关系分

按照约定价格与市场条件关系分，外汇期权可分为溢价期权、平价期权和折价期权。

（1）溢价期权是指买权的执行价格低于市场价格，卖权的执行价格高于市场价格，即协定价格好于市场价格。

（2）平价期权是指执行价格与市场价格相等。

（3）折价期权是指买权的执行价格高于市场价格，卖权的执行价格低于市场价格，即市场价格好于协定价格。

当期权合约进入溢价时，买方可行使期权以高价卖出获利；当期权进入折价时，买方因为无利可图而放弃行使期权。

（四）按照交易地点分

按照交易地点分，外汇期权可分为场内期权和场外期权。

（1）场内期权也称交易所期权，是指在外汇交易中心与期货交易所进行交易的期权。

（2）场外期权也称柜台式期权、店头期权，是指在外汇交易中心与期货交易所之外进行交易的期权。

三、外汇期权交易的特点

（一）期权双方的权利与义务不对等

对期权的买方而言，所享受的权利是，在合约的有效期内，有权选择是否按协定价格买进或卖出一定数量的商品或金融产品。若市场价格变化对其有利，买方可以选择执行期权（买进或卖出）；若市场价格变化对其不利，买方可以选择放弃期权（不买或不卖）。买方所尽的义务是支付一定的期权费给卖方，这部分期权费也称期权价格。

对期权卖方而言，其权利和义务正好与期权买者相反。期权合约赋予卖方的权利是收入一定的期权费。卖方承担的义务是当期权买者执行期权，按协定价格买进或卖出某种商品或金融资产时，必须无条件按协定价格卖出或买进该种商品或金融资产。

（二）收益与风险的非对称性

当利用外汇期权进行保值时,外汇亏损的任何可能性都不复存在,唯一相关的现金流出便是期权费的支付。如果基础资产的市场价格变动有利于期权买方的利益,则潜在的盈利能力就会增加;如果基础资产的市场价格变动不利于期权买方的利益,买方便会放弃期权,其损失最多为期权费。

而期权卖方的风险和收益正好与期权买方相反,其收益有限,而风险无限。如果市场价格朝着有利于自己的方向变动,即卖出买权后市场价格下跌,卖出卖权后市场价格上升,赢利最多也不超过期权费。而其损失的可能性是无限的,一旦市场价格朝着不利于自己的方向变化,卖方将亏损,并且市场价格变动幅度越大,其亏损越大。

（三）外汇期权交易是进行汇率风险防范和保值最为灵活的手段之一

期权买方对期权合约可执行或不执行,可买进,也可卖出,还可转让。对于在不确定外汇流量或无法确定是否会发生外汇流量,或者无法确定发生外汇流量的具体时间的情况下,利用外汇期权进行保值更为适用。同时,可以根据交易者的需求进行期权的个性化设计。

第二节 外汇期权价格的决定

外汇期权价格是指在期权交易中,买方支付给卖方的期权费,也就是卖方出售一份期权而收入的货币数量。期权费是期权卖方的最大收益和期权买方的最大亏损,它反映了期权买方保值获利的成本和期权卖方承担风险的补偿。因此,期权费在期权买卖过程中是十分重要的。期权投资的一个重要策略就是投资于价格被低估的期权,因此投资者必须先计算出这种期权的价值,然后同期权的市价进行比较,买入价格被低估的期权或卖出价格被高估的期权。

一、外汇期权费的内在价值与时间价值

对任何一种期权来说,期权费(Option Premium)都由两部分构成:内在价值和时间价值。

（一）内在价值

内在价值是指立即履行期权合约时可获取的利润,它反映了协定价格与市场价格之间的关系,更确切地说,是指外汇期权的协定汇率与市场汇率之间的差额。

例 6-5

假设英镑与美元的市场汇率为 1 英镑＝1.867 5 美元,而某投资者持有协定汇率为 1 英镑＝1.817 5 美元的英镑看涨期权,则该投资者只要执行该期权,每英镑就可得到 0.05 美元的收益。这时英镑看涨期权每英镑的内在价值为 0.05 美元。如果假设英镑的市场汇率只有 1.807 5 美元,比协定汇率低 0.01 美元,则该看涨期权的内在价值为 0,即没有内在价值。

外汇看涨期权的内在价值是市场汇率高于协定汇率的差额；而看跌期权的内在价值是市场汇率低于协定汇率的差额。一份具有内在价值的期权，通常称为溢价期权，也称为实值期权；相反，不具备内在价值的期权，即协定汇率高于市场汇率的看涨期权和协定汇率低于市场汇率的看跌期权，就称为损价期权或虚值期权；如果协定汇率等于市场汇率，则称为平价期权。

（二）时间价值

时间价值是指期权买方希望时间的延长、市场汇率的变动可能使期权增值时愿意支付的期权费。一般来说，期权合约剩余有效日越长，其合约时间价值越大。因为对期权买方来说，期权有效日越长，其获利的可能性就越大。对卖方而言，期权有效日越长，其风险越大，因而要求的风险补偿即期权费也就越高。

期权在到期时，是绝对超不出其内在价值的，只有离到期日还有一段时间时，才具有内在价值以外的价值。这种额外的期权费水平的高低，完全依赖于期权到期时价值上涨的机会。如果买权的买方发现期权到期时，市场汇率具有向协定汇率以上变动的机会，那他所支付期权费就会超过其期权的内在价值。同时作为卖方来说，他会要求收取高于内在价值的期权费，以抵消自身在期权到期时，市场汇率高于协定汇率的风险。

在期权合约有效期内，期权的时间价值总是正数。因为在有效期内，市场汇率的变动使期权存在获利的机会。随着期权到期日的临近，期权获利的机会减少。在其他条件不变的情况下，随着期权有效期的缩短，其时间价值下降，并且越临近到期日，期权时间价值的递减速度越快。在期权到期日，期权的时间价值为 0。

综上所述，在期权合约有效期内，溢价期权的期权费是由内在价值和时间价值构成的，而损价期权和平价期权的期权费没有内在价值，仅由时间价值构成。

二、外汇期权费的影响因素

期权费是由内在价值和时间价值决定的，影响内在价值和时间价值的因素是不同的。

（一）期权合约的协定汇率

协定汇率与市场汇率之差决定了期权的内在价值。对看涨期权而言，协定汇率越高，期权价格越低，因为协定汇率越高，买方要求卖方履约的可能性便越低，而卖方承担的相应风险也就越低，所以双方愿意接受的期权价格也就越低。对看跌期权来说，情况正好相反。

（二）期权合约的期限长短

期权合约的期限长短这个因素通过对时间价值产生影响，从而影响期权费。对期权买方来讲，合约有效期越长，其履约的可能性就越大，其获利的可能性也越大，而卖方的亏损风险就越大，因而期权费就更高。

（三）利率差异

利率差异主要是对时间价值产生影响，但表现不明显。对看涨期权而言，本国货币利率越高、外国货币利率越低，即两国货币利率差越大，则期权费越高；对看跌期权而言，情况正好相反。

（四）外汇汇率的波动性

一般来说，汇率较为稳定的货币收取的期权费比汇率波动大的货币低。这是因为市场汇率的波动性越大，买方越有可能要求履行合约来获利或达到避险的效果。

（五）外汇期权市场的供求关系

如果某个时期期权交易的购买人数大大超过出售人数，则出售者的风险可能增加。因为期权交易市场的限制，购买人的增加使出售期权的人通过购买期权来降低风险的机会减小，结果促使期权出售者把风险转嫁到期权费上，抬高期权费。

第三节　外汇期权交易的应用

外汇期权交易者进行期权交易的目的有两个：一是保值，二是投资（投机）赢利。因此，外汇期权交易的操作技巧也可以分为套期保值和投资（投机）两个方面。

但是，由于保值与投资（投机）在一个期权合约中是相互渗透的，因而并没有严格的界限。对于进出口商和公司来讲，进行外汇期权交易是为了规避外汇风险，实现保值；对于投资（投机）者而言，则是为了进行单独的期权投资，进行套利。

外汇期权交易业务有一定的处理程序，下面主要介绍外汇交易业务程序。

一、外汇期权交易程序

外汇期权交易业务在我国办理程序如下。

（1）与银行签订保值外汇买卖总协议。

（2）在期权金交收日到银行缴纳协议规定的期权费。

（3）在期权到期日上午 10:00 前将书面的行使期权通知送达银行，否则有关期权将自动失效。

（4）客户行使期权后，于期权交割日到银行办理期权交割手续。

外汇期权买卖业务流程如图 6-1 所示。

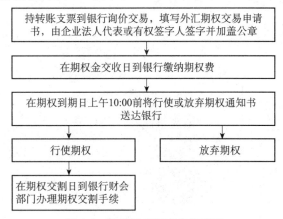

图 6-1　外汇期权买卖业务流程

二、外汇期权的基本交易解析

外汇期权交易有 4 种基本交易类型：买入看涨期权、买入看跌期权、卖出看涨期权和卖出看跌期权。下面分别举例说明。

（一）买入看涨期权

买入看涨期权又称多头买权。当期汇率上涨时，可买入看涨期权，若有空头的现货或期货头寸，可以达到避险保值的目的；若没有的话，可以收到投资谋利的目的。在汇率上涨时，买方赢利无限；汇率不变或下跌时，买方的最大损失为已支付的期权费。

例 6-6

一个美国进口商向英国公司进口一批商品，约定 90 天后向英国出口商支付 100 万英镑的货款，假设市场上的即期汇率 1 英镑＝1.520 0 美元。为了避免汇率上涨的风险，该进口商可以利用远期或期货进行保值，但如果英镑贬值，他无法从中得利。于是就买入 100 万英镑的看涨期权，期限 3 个月，协定汇率 1 英镑＝1.520 0 美元，进口商支付期权费 2 万美元。3 个月后，市场汇率可能出现以下 3 种情况：①英镑升值；②英镑贬值；③英镑汇率不变。

思考：在不同情况之下，该美国进口商应如何操作？其损益情况如何？

分析：

（1）对于第一种情况，若市场汇率大于 1.520 0 美元，假设 1 英镑＝1.620 0 美元，那么，该进口商执行买权，因为购入 1 英镑只需要 1.520 0 美元，该笔货款所支付的成本锁定在 152 万美元。减去 2 万美元的期权费，还可以节约成本 8 万美元（1.620 0×100 万－1.520 0×100 万－2 万＝8 万美元）。若不执行期权，按照市场汇率必须支付 162 万美元，多支付 10 万美元。若是单独投资期权，以 1.520 0 美元执行期权，又以 1.620 0 美元的市价卖出 100 万英镑，可以获利 10 万美元。

（2）对于第二种情况，若市场汇率小于 1.520 0 美元，假设 1 英镑＝1.420 0 美元，期权的买方可以放弃英镑买权，直接去银行以较低的市价购买英镑，只需要付 142 万美元，加上 2 万美元期权费，节省成本 8 万美元（1.520 0×100 万－1.420 0×100 万－2 万＝8 万美元）。

（3）对于第三种情况，若市场汇率不变，1 英镑＝1.520 0 美元，该进口商可以执行其权合约，也可以放弃，仅损失 2 万美元的期权费。

买入看涨期权如图 6-2 所示。

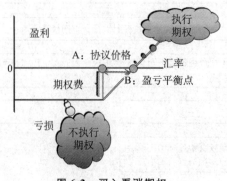

图 6-2　买入看涨期权

（1）当市场汇率大于等于盈亏平衡点 B（即 1 英镑＝1.540 0 美元）时，执行期权，开始获得盈利。

（2）当市场汇率大于期权协议价格 A 小于 B 时，执行期权，有亏损，但亏损小于期权费。

（3）当市场汇率小于等于 A 时，放弃期权，最大损失为期权费。

（二）买入看跌期权

买入看跌期权又称多头卖权。当预期市场汇率即将下跌时可以买入看跌期权，如有对等现货或期货多头头寸，可以达到避险保值的目的；若没有的话，可以单独投资期权而谋利。在市场汇率下跌时买方赢利无限，汇率不变或上涨时，买方的最大损失为已支付的期权费。

例 6-7

某美国出口商向英国出口，半年后将有一笔 100 万英镑的外汇收入，假设市场上的即期汇率是 1 英镑＝1.530 0 美元，该出口商担心半年后收到英镑时，英镑汇率下跌，于是买入一个英镑看跌期权。协定汇率 1 英镑＝1.530 0 美元，期权费为 3 万美元。半年后可能出现以下三种情况：①英镑贬值；②英镑升值；③英镑汇率不变。

思考：在不同情况之下，该美国出口商应如何操作？其损益情况如何？

分析：

（1）对于第一种情况，若英镑市场汇率小于 1.530 0 美元，假设 1 英镑＝1.430 0 美元，该美国出口商执行期权，卖出 100 万英镑可以得到 153 万美元，减去期权费 3 万美元，得到 150 万美元外汇收入，避免因为汇率下跌而蒙受的外汇收入损失。若不做期权，按照市价出售英镑，只能得到 143 万美元的外汇实际收入，减去期权费 3 万美元，只能得到 140 万美元外汇收入。所以在这种情况下，执行期权可获利 7 万美元（1.530 0×100 万－1.430 0×100 万－3 万＝7 万美元）。

（2）对于第二种情况，若英镑汇率大于 1.530 0 美元，假设市场汇率 1 英镑＝1.630 0 美元，则出口商放弃看跌期权，100 万英镑的货款在现货市场上出售可得到更高的收益，即得到 163 万美元，扣除 3 万美元的期权费，还多增加 7 万美元的外汇收益（1.630 0×100 万－1.520 0×100 万－3 万＝7 万美元）。

（3）对于第三种情况，汇率不变，期权协议价格等于市场汇率。买方可以执行也可以不执行期权合约，出口商损失最多为 3 万美元期权费。

买入看跌期权如图 6-3 所示。

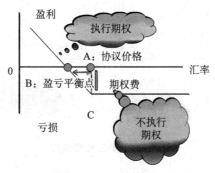

图 6-3 买入看跌期权

（1）当市场汇率小于盈亏平衡点 B（即 1 英镑＝1.500 0 美元），执行期权，获得利润。

（2）当市场汇率大于 B 小于期权协议价格 A（即 1 英镑＝1.530 0 美元）时，执行期权，有亏损，但亏损小于期权费。

（3）当市场汇率大于等于 A 时，放弃期权，最大损失为期权费。

（三）卖出看涨期权

卖出看涨期权又称空头买权。交易者预期汇率平稳或下跌时，投资者可以卖出买权（买方不会执行期权），卖方可以赚取期权费。在汇率不变或下跌时，卖方的利润以收取的期权费为限，汇率上涨时，卖方损失无限。

例 6-8

沿用例 6-7。

思考：当英镑贬值、英镑升值、英镑汇率不变 3 种不同情况下期权卖方的损益情况如下。

（1）对于第一种情况，如果到期日市场汇率小于 1.520 0 美元，期权的买方会放弃执行期权合约，而以较低的市场价购买英镑。卖方可得到当初收取的期权费，即 2 万美元，这是卖方的最大收益。

（2）对于第二种情况，有以下两点。

① 如果到期日市场汇率小大于 1.520 0 美元，且小于等于 1.540 0 美元，期权买方执行期权，卖方将发生损失，须把期权费考虑进去，以确保全部收益。假如到期日市场价格为 1.530 0 美元，则期权卖方将以 1.530 0 美元的价格用 153 万美元从现货市场买入 100 万英镑，再以 1.530 0 美元的期权协议价格卖给买方，这样会有 1 万美元的损失（153 万－152 万），但当初已收取期权费 2 万美元，扣除损失 1 万美元，仍可得到 1 万美元的收益。

② 如果英镑的市场汇率大于且等于 1.540 0 美元，期权买方要求执行期权合约时，卖方将遭受巨大损失，英镑市场汇率上涨越多，卖方的损失越大。卖方只能应买方的选择，以 1.520 0 美元的低价出售英镑，而且很可能得按高价的市场汇率购买英镑来卖给期权的买方，其损失的程度是无限的。

（3）对于第三种情况，如果到期日市场汇率等于期权协议价格 1.520 0 美元，由于买方可以执行期权也可以放弃期权，成本都是期权费，所以在这种情况下卖方的收益也就是买方的期权费，即 2 万美元，这是卖方的最大收益。

卖出看涨期权如图 6-4 所示。

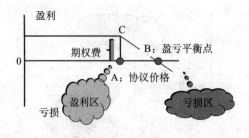

图 6-4　卖出看涨期权

（1）当市场汇率小于等期权协议价格 A 点（即 1 英镑＝1.520 0 美元）时，期权卖方可以获得最大盈利,即最大获利为期权费。

(2) 当市场汇率大于 A 小于 B(盈亏平衡点,即 1 英镑＝1.540 0 美元)时,卖方获利不断减少。

(3) 当市场汇率大于盈亏平衡点 B,卖方开始亏损,且损失不断增加。

(四) 卖出看跌期权

卖出看跌期权又称空头卖权。预期市场汇率平稳或上涨时,投资者可卖出卖权,同时买方在这种情况下不会执行期权,卖方就可以赚取期权费。

例 6-9

沿用例 6-8。

思考:当英镑升值、英镑贬值、英镑汇率不变三种不同情况下期权卖方的损益情况。

分析:

(1) 对于第一种情况,如果英镑的市场汇率大于 1.530 0 美元时,期权买方不执行期权,那么卖方就可以得到 3 万美元的期权费收益,这是卖方的最大收益。

(2) 对于第二种情况,有以下两点。

① 如果英镑的市场汇率大于等于 1.500 0 美元,且小于 1.530 0 美元,期权买方执行期权,卖方加计期权费,则整体上能确保收益。例如,当市场汇率 GBP1＝USD1.520 0 时,期权买方按照协定价格 GBP1＝USD1.530 0 卖出 100 万英镑,卖方虽然有 1 万美元的损失,但其收取的期权费为 3 万美元,仍有 2 万美元的收益。如果市场汇率为 GBP1＝USD1.510 0,卖方仍有 1 万美元的收益。

② 如果英镑外汇市场汇率小于 1.500 0 美元时,期权买方会执行期权,卖方将遭受损失。英镑汇率下跌幅度越大,卖方的亏损越大,其亏损风险是无限的,而赢利则以其所收取的期权费为限。

(3) 对于第三种情况,如果到期日市场汇率等于期权协议价格 1.530 0 美元,由于买方可以执行期权也可以放弃期权,成本都是期权费,所以在这种情况下卖方的收益也就是买方的期权费 3 万美元,这也是卖方的最大收益。

卖出看跌期权如图 6-5 所示。

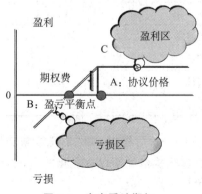

图 6-5 卖出看跌期权

（1）当市场汇率大于等于期权协议价格 A 点（即 1 英镑＝1.530 0 美元）时，期权卖方可以获得最大盈利，即最大获利为期权费。

（2）当市场汇率小于 A 大于 B（盈亏平衡点，即 1 英镑＝1.500 0 美元）时，卖方获利不断减少。

（3）当市场汇率小于盈亏平衡点 B，卖方开始亏损，且损失不断增加。

总结：期权买卖双方的收益和亏损是不对等的（不管是看涨期权还是看跌期权）。

（1）期权买方的收益可能很大，而亏损却是有限的。

（2）期权卖方正好相反，亏损可能很大，而收益却是有限的。

三、外汇期权的盈亏分析

期权交易不论采用哪种具体方式，都存在买方和卖方。对期权的买方而言，其特点是收益不确定，损失确定，即期权的购买者最大的损失不超过权利金。对期权的卖方而言，收益确定，损失不确定，其最大收益为权利金。那么什么时候买方应该选择执行期权合约，什么时候不执行呢？我们先来看看外汇期权的盈亏分析。

（一）看涨期权的盈亏分析

例 6-10

A 国某公司从 B 国进口一批货物，两个月后将支付一笔 B 元。如果该公司预计 B 元将有较大幅度升值，便进入期权市场，买入 B 元看涨期权，执行价格为 1B 元＝0.63 A 元，期权费为 0.02 A 元/B 元。等到到期日，A 国公司将视即期汇率和期权执行价格之间的关系，决定实施期权与否。不论是否实施该期权，该公司都将损失期权费。对这笔看涨期权的卖方来说，损益情况刚好相反。详细情况如表 6-1 所示。

表 6-1　看涨期权的损益情况

B 元即期汇率	期权实施情况	单位损失与收益	
		买　　方	卖　　方
0.61	不实施	−0.02	0.02
0.62	不实施	−0.02	0.02
0.63	不实施	−0.02	0.02
0.64	实施	−0.01	0.01
0.65	实施	0.00	0.00
0.66	实施	0.01	−0.01
…	实施	…	…

对看涨期权的收益与损失的分析可得出，买入看涨期权获得收益的条件如图 6-6 所示。

（1）市场价格的上涨超过执行价格和期权费之和。

（2）盈亏平衡点＝执行价格＋期权费。

（3）看涨期权的最大损失为期权费，最大盈利可无限增加。

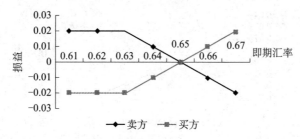

图 6-6 看涨期权的收益与损失

（4）当市场汇率小于或等于执行价格时，买方将放弃期权，损失期权费。

（5）当市场汇率大于执行价格但小于盈亏平衡点时，买方执行期权，损失小于期权费；当市场汇率正处于盈亏平衡点时，买方执行期权，不盈不亏；当市场汇率高于盈亏平衡点时，买方执行期权可获利。

（二）看跌期权的盈亏分析

例 6-11

美国某出口商三个月后将收到一笔英镑货款，如果预计英镑将贬值，将购买英镑看跌期权，执行价格为 1 英镑＝1.37 美元，期权费为 0.03 美元/英镑。等到到期日，该出口商将视即期汇率和期权执行价格之间的关系，决定实施期权与否。详细情况如表 6-2 所示。

表 6-2 看跌期权的损益情况

英镑即期汇率	期权实施情况	单位损失与收益	
		买　　方	卖　　方
1.33	实施	0.01	－0.01
1.34	实施	0.00	0.00
1.35	实施	－0.01	0.01
1.36	实施	－0.02	0.02
1.37	不实施	－0.03	0.03
1.38	不实施	－0.03	0.03
…	不实施	…	…

对看跌期权的收益与损失的分析我们可以得出，买入看跌期权获得收益的条件如图 6-7 所示。

（1）即期汇率跌到执行价格减期权费之下。

（2）盈亏平衡点＝执行价格－期权费。

（3）当市场汇率大于盈亏平衡点但小于执行价格时，买方执行期权，损失小于期权费；当市场汇率正处于盈亏平衡点时，买方执行期权，不盈不亏；当市场汇率低于盈亏平衡点时，买方执行期权可获利。

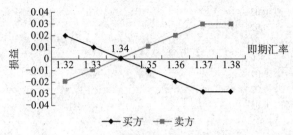

图 6-7　看跌期权的收益与损失

第四节　我国外汇期权业务简介

随着我国经济的不断发展,我国银行的外汇交易品种也越来越丰富。下面以中国银行为例,对我国国内外汇期权业务进行简单介绍。

中国银行借鉴国际金融市场外汇期权产品的模式,结合国内市场个人实盘外汇业务发展的特点,推出了"期权宝"和"两得宝"这两种技术含量高、同国际金融市场接轨的、全新的私人理财业务品种。

一、期权宝

期权宝是中国银行客户根据自己对外汇汇率未来变动方向的判断,向银行支付一定金额的期权费后买入相应面值、相应期限和协定汇率的期权(看涨期权或看跌期权),期权到期时如果汇率变动对客户有利,则客户通过执行期权可获得收益;如果汇率变动对客户不利,则客户可选择不执行期权。

"期权宝"的优点如下。

(1)看好时机:在国际汇市动荡不安,汇率单边大幅波动时,期权宝可获得较高收益,特别适合汇率在短期内将出现大幅涨跌时进行投资。

(2)选择货币:投资期权宝时,首先要根据客户自己对外汇汇率走势的判断,选定合适的看涨货币和看跌货币。看涨或看跌货币中有一种必须是美元。

(3)攻守自如:做期权宝交易,可以自如控制风险,获得以有限的风险换取无限收益的投资机会。

①可攻:中国银行将为客户提供平盘服务,如果在平盘期限内,汇率到达心理预期,可以根据报价签订平盘和约,锁定客户的收益,确保获得预期的投资回报。

②可守:如果汇率波动幅度或方向与客户预期的不符,也可以通过平盘合约,减少期权费的损失。

例 6-12

假定当前美元兑日元汇率为 1∶86.00,客户预期美元兑日元两周后大幅升值可能性很高,于是买入看涨美元看跌日元的期权。

客户选择以 5 万美元作为期权面值进行期权宝交易,客户同银行签订《中国银行股份有限公司个人外汇期权交易章程》《中国银行个人外汇"期权宝"业务协议书》,确定期权的协定汇率为 1∶86.00,期限为两个星期。

根据期权费率即时报价(如 1%)交纳期权费为 500 美元(50 000×1%=500),客户买入此期权的含义是:期权到期日不论汇率如何变化,客户都有权按 1∶86.00 的协定汇率买入 5 万美元,即客户拥有一个看涨美元看跌日元的期权。

盈亏情况分析如下。

情况一:客户选择到期前平仓,即卖出所购买的期权。

如果期权到期日之前该期权报价变为 1.5%,则客户可选择卖出手中的这个看涨美元看跌日元期权,收取期权费 750 美元(50 000×1.5%=750),总赢利为 250 美元(750-500=250),投资回报率为 50%(250/500=50%)。

情况二:客户选择持有该期权到期。

期权到期时,如果即时汇率变为 1∶91.00 即美元兑日元升值,则客户执行该期权,每 1 美元可获利 5 日元(91.00-86.00=5),5 万美元面值共可获利 25 万日元,在客户选择轧差交割的情况下,则银行将 25 万日元按照到期日即时汇率 91.00 折成 2 747.25 美元划入客户指定账户(2 747.25=25 万/91.00),投资回报率为 449%[由(2 747.25-500)/500 计算得出]。客户如选择实物交割,则客户可以按 1∶86.00 的汇率卖出 5 750 000 日元获得 50 000 美元。

情况三:期权到期时,如果即时汇率低于或等于 86.00,则客户手中的期权没有收益,客户可放弃执行该笔期权。

二、两得宝

两得宝是指客户存入一笔定期存款的同时,根据自己的判断向银行卖出一份期权,客户除收益定期存款利息(扣除利息税)之外还可得到一笔期权费。期权到期时,如果汇率变动对银行不利,则银行不行使期权,客户可获得高于定期存款利息的收益;如果汇率变动对银行有利,则银行行使期权,将客户的定期存款按协定汇率折成相对应的挂钩货币。

产品优点:在外汇定期存款利率非常低的情况下可以增加投资收益。在外汇市场汇率出现横盘整理的行情时也可以获得收益。

风险:如果客户对未来汇率的变动方向判断错误,则手中的存款将被兑换成另一种挂钩货币存款。

例 6-13

假定当前美元兑日元汇率为 1∶86.00,客户存款货币是美元 10 万元,客户判断美元兑日元未来 1 个月将横盘整理或小幅下跌,遂选择"两得宝"投资,向银行卖出一份期权,期限是 1 个月,存款货币是美元,指定挂钩货币是日元。

签约日美元兑日元汇率是 1∶86.00,客户以此为协定汇价同银行签订《中国银行个人外汇期权交易章程》《中国银行个人外汇"期权宝"业务协议书》,指明挂钩货币是日元。此期权的含义是:银行在到期日有权按 1∶86.00 的汇率将客户的美元存款折成日元。

客户向银行卖出此笔期权,除可以得到1个月美元定期存款利息外,还可获得一笔额外的期权费收入。例如,交易日银行的两得宝期权费率报价为1.5%,则客户可得到期权费1 500美元(100 000×1.5%＝1 500)。期权费由银行在交易日后的第二个工作日划入客户指定账户。

期权到期日若汇率变为1∶80.00,则银行不执行期权,客户的定期存款账户中仍为10万美元。

如果到期日汇率高于或等于1∶86.00,则银行将行使期权,按协定汇率1∶86.00将客户的10万美元定期存款折成8 600 000日元(8 600 000＝100 000×86)。

知识链接 6-1
人民币外汇期权

 ## 本章要点

1. 外汇期权是一种选择权合约,它授予期权买方在合约期内,按照协定汇率买入或出售一定数额的某种外汇资产的权利,卖方收取期权费,并有义务应买方要求卖出或者买入该币外汇。

2. 按照期权所赋予的权利分买入期权、卖出期权;按照期权执行的时间分美式期权、欧式期权;按约定价格与市场条件关系分溢价期权、平价期权、折价期权;按照合约交易性质分外汇现汇期权、外汇期货期权、期权期货;按照交易地点分场内期权、场外期权。

3. 外汇期权交易有四种基本交易类型:买入看涨期权、买入看跌期权、卖出看涨期权和卖出看跌期权。通过掌握外汇期权交易的盈亏分析,我们能够对外汇期权四种基本交易进行正确的分析和操作。

4. 以中国银行为例,对我国国内外汇期权业务进行简单介绍。

综合练习与实训

一、填空题

1. 外汇期权是一种_____合约,它授予期权买方在合约期内,按照协定汇率买入或出售一定数额的某种外汇资产的权利,卖方收取_____,并有义务应买方要求卖出或者买入该币外汇。

2. 按照期权所赋予的权力分,外汇期权可分为_____和_____。

3. 按照期权执行的时间分,外汇期权可分为_____期权和_____期权。

4. 外汇期权交易的类型分别是_____、_____、_____和_____
_____。

二、选择题

1. 在期权交易中,需要支付保证金的是期权的(　　　)。

A. 买方　　　　　　B. 卖方　　　　　　C. 买卖双方　　　　　　D. 第三方

2. 合同买入者获得了在到期以前按协定价格出售合同规定的某种金融工具的权力,这种行为称为(　　　)。

A. 买入看涨期权　　　　　　　　　B. 卖出看涨期权

C. 买入看跌期权　　　　　　　　　D. 卖出看跌期权

3. 买方可以不履行外汇买卖合约的是（　　）。

A. 远期外汇业务　　　　　　　　　B. 择期业务

C. 外币期权业务　　　　　　　　　D. 掉期业务

三、简答题

1. 简述外汇期权的含义。

2. 影响期权费的因素有哪些？

四、案例分析题

1. 若投资者预期欧元在 3 个月内将贬值，则该投资者按照协定汇率 EUR/USD＝1.150 0 买入 3 个月期 100 万欧元的欧式期权，期权费为每欧元 0.02 美元。

问题：

（1）该投资者如何操作？

（2）简要分析 3 个月后在不同情况下（欧元贬值、升值和不变时）该投资者的损益情况。

2. 假设某投资者以协定汇率为 GBP/USD＝1.550 0 买入英镑看涨期权，同时以协定汇率为 GBP/USD＝1.520 0 买入一个英镑看跌期权，其中看涨期权的期权费为每英镑 0.03 美元，看跌期权的期权费为每英镑 0.02 美元，金额都为 100 万英镑，到期日相同。

问题：分别对以下 3 种情况分析投资者的损益情况。

（1）到期日英镑汇率上涨（GBP/USD＝1.570 0）。

（2）到期日英镑汇率下跌（GBP/USD＝1.500 0）。

（3）到期日英镑汇率不变（GBP/USD＝1.550 0 或 GBP/USD＝1.520 0）。

五、实训题

1. 实训目的：能够熟练运用外汇期权理财产品进行投资理财。

2. 实训方式：网上搜索，实际调查。

3. 实训内容：调查中国各家银行的外汇期权理财产品，能够掌握各个理财产品的特点，并分析出优劣势。在不同的资产组合下，可以选出对资产增值最优的外汇期权理财产品，并能够投资增值。

第七章

技术分析

知识目标

1. 掌握基本技术图形及图形组合的含义；
2. 掌握主要技术的使用方法。

技能目标

1. 能根据技术图形对汇率的未来走势做出大致的判断；
2. 能根据技术指标对汇率的未来走势做出大致的判断。

学习导航

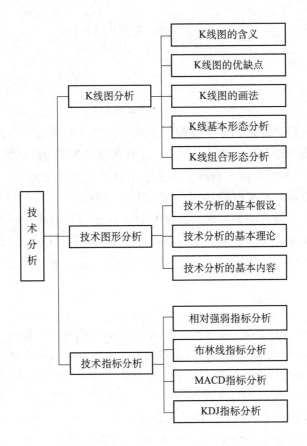

课前导读

主要货币走势分析

FX168 财经报社(中国香港)讯。

欧元:欧元/美元昨日止住三日连跌的势头,勉强收于 1.18 关口上方,日内进一步攀升至 1.183 0 附近。从技术面看,日图 MACD 绿色动能柱逐步收缩,RSI 指标徘徊在 50 水平附近,KDJ 指标逼近超卖水平,指示下行动能强劲,或进一步震荡。短期初步支撑位于 1.175 0,初步阻力位则可看 1.185 0。

英镑:英镑/美元昨日探底回升,止住连跌 5 日的势头,目前徘徊在 1.30 关口附近。从技术面看,日图 MACD 绿色动能柱转向持稳,RSI 指标持稳于 50 水平下方,KDJ 指标向下逼近超卖水平,暗示价格看跌动能依旧强劲,跌势或放缓。短期初步支撑位于 1.295 0,初步阻力位则可看 1.305 0。

日元:美元/日元延续前几日的震荡格局,目前交投在 106.10 附近。从技术面看,日图 MACD 红色动能柱持续减弱,RSI 指标徘徊在 50 附近,KDJ 指标也交投在 50 水平附近,预计将进一步震荡。短期初步支撑位于 105.70,初步阻力位于 106.50。

从上述汇评可以看出,除了受基本面因素的影响,汇率在变化过程中往往还会遇到支撑或阻力。如何准确把握汇率走势的规律呢? 这需要进一步利用本章介绍的技术分析方法加以判断。

第一节　K线图分析

一、K线图的含义

K线图又称阴阳图或蜡烛图。K线图源于日本德川幕府时代大阪的米商，被当时日本米市的商人用来记录米市的行情与价格波动，后因其细腻独到的标画方式被引入股市及期货市场。目前，这种图表分析法在我国以至整个东南亚地区尤为流行。由于用这种方法绘制出来的图表形状颇似一根根蜡烛，加上这些蜡烛有黑白之分，因而也叫阴阳线图表。一根K线记录的是一天内价格变动的情况。将每天的K线按时间顺序排列在一起，就组成了汇率价格的历史变动情况。K线将买卖双方力量的增减与转变过程及实战结果用图形表示出来。经过近百年来的使用与改进，K线理论被投资者广泛接受。

二、K线图的优缺点

K线图具有直观、立体感强、携带信息量大的特点，它吸收了中国古代阴阳学说，蕴涵着丰富的东方哲学思想，能充分显示汇价趋势的强弱和买卖双方力量平衡的变化，预测后市走向较准确，是各类传播媒介和计算机实时分析系统应用较多的技术分析手段。

（1）优点：能够全面透彻地观察到市场的真正变化。从K线图中，既可以看到汇价（或大市）的趋势，也同时可以了解到每日市况的波动情形。

（2）缺点：①绘制方法十分繁复，是众多走势图中最难制作的一种；②阴线与阳线的变化繁多，对初学者来说，在掌握分析技巧方面会有相当的困难，不及竹线图那样简单易明。

三、K线图的画法

K线是根据汇价一天的走势中形成的4个价位，即开盘价、收盘价、最高价和最低价绘制而成的。K线图的基本绘制方法是：①画线包括开盘价、收盘价、最高价和最低价；②开盘价与收盘价之间用粗线表示的部分，称为实体；③如果收盘价比开盘价高，则实体用红色表示，称为阳线（见图7-1(a)）；④如果收盘价比开盘价低，则实体用绿色表示，称为阴线（见图7-1(b)）；⑤如果当天的汇价超过实体的部分，用细线画出，称为上影线；比实体的低价还低的部分，也用细线画出，称为下影线。其记录方法如图7-1所示。

四、K线基本形态分析

不同的K线形态代表外汇市场上买卖双方当日交战的结果。阳烛（阳线）中空，表示该时段中收盘价高于开盘价；阴烛（阴线）有一段实心的阴影，表示收盘价低于开盘价。烛顶和烛底反映该时段中的最高、最低价。根据开盘价、收盘价、最高价以及最低价之间的不同情况，阴线和阳线会呈现不同的形态。

交易者要想根据已发生的交易分析未来交易时机，那么就必须了解并掌握日K线基本

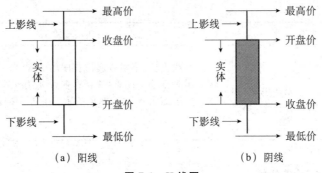

（a）阳线　　　　　　　　　　（b）阴线

图 7-1　K 线图

形态中蕴涵的实际意义。K 线图的独到之处在于，利用单日的 K 线形态即可初步判断市场的强弱。下面介绍几种基本的 K 线形态。

（一）阳线基本形态分析

阳线基本形态分析如表 7-1 所示。

表 7-1　阳线基本形态分析

基本形态	名　称	形态意义
	大（全）阳线	(1) 开盘价与最低价相同，收盘价与最高价相同 (2) 没有下线影线 (3) 表示市场内多方占据着绝对的主力，涨势强烈，气势如虹
	大阳下影线	(1) 收盘价与最高价相同，小段下影线 (2) 汇价稍作下探即被拉回，表示多方力量占优，下档买盘强劲 (3) 下影线的长度越长，表示多方力量越强
	大阳上影线	(1) 开盘价与最低价相同，小段上影线 (2) 汇价试图创下高点，但上方卖出压力沉重，汇价回落 (3) 表示多方占优，但上方价位卖出压力很大，有反转的意味，应引起警觉 (4) 上影线越长，表示卖出压力越大，反转意味更大
	小阳线	(1) 上下影线长度基本相同 (2) 表示多空双方争夺激烈，多方仍占据一定优势，但空方的力量不可小视
	上影阳线 （顶部，射击之星或流星形态） （底部：倒锤线形态）	(1) 上影线很长，是阳线实体长度的 2～3 倍 (2) 表示多方仍处于优势，但已经是强弩之末，是强烈的反转形态 (3) 此形态如出现在近期汇价的顶部，反转意义更强

续表

基本形态	名　称	形　态　意　义
	下影阳线 （顶部：上吊线形态） （底部：锤子线形态）	(1) 下影线很长，是阳线实体长度的2～3倍 (2) 表示多方处于优势，并且有多方买盘不断加入，推高汇价 (3) 此形态如出现在近期汇价底部，是强烈的反转信号，应引起注意

（二）阴线基本形态分析

阴线基本形态分析如表7-2所示。

表7-2　阴线基本形态分析

基本形态	名　称	形　态　意　义
	大（全）阴线	(1) 开盘价与最高价相同，收盘价与最低价相同 (2) 没有下线影线 (3) 表示市场内空方占据着绝对的主力，汇价持续走跌
	大阴下影线	(1) 开盘价与最高价相同，小段下影线 (2) 汇价试图创下低点，但上方买盘压力沉重，汇价回升 (3) 表示空方占优，但下方价位买盘压力很大，有反转的意味，应引起警觉 (4) 下影线越长，表示买盘压力越大，反转意味更大
	大阴上影线	(1) 收盘价与最低价相同，小段上影线 (2) 汇价稍作上扬即被拉回，表示空方力量占优，上档卖盘强劲 (3) 上影线越长，表示空方力量越强
	小阴线	(1) 上下影线长度基本相同 (2) 表示多空双方争夺激烈，空方仍占据一定优势，但多方的力量不可小视
	上影阴线 （顶部：射击之星或流星形态） （底部：倒锤线形态）	(1) 上影线很长，是阴线实体长度的2～3倍 (2) 表示空方处于优势，并且有空方卖盘不断加入，推低汇价 (3) 此形态如果出现在近期汇价顶部，是强烈的反转信号，应引起注意
	下影阴线 （顶部：上吊线形态） （底部：锤子线形态）	(1) 下影线很长，是阴线实体长度的2～3倍 (2) 表示空方仍处于优势，但已经是强弩之末，是强烈的反转形态 (3) 此形态和出现在近期汇价的底部，反转意味更强

（三）十字线基本形态分析

十字线基本形态分析如表 7-3 所示。

表 7-3 十字线基本形态分析

基本形态	名　称	形　态　意　义
┼	十字线	(1) 开盘价、收盘价相同 (2) 多空势均力敌 (3) 若此形态出现在顶部或底部,是强烈的反转形态;若出现在长期盘整时期,是强烈的突破信号
┼	十字线	(1) 开盘价、收盘价相同 (2) 多方力量占优 (3) 应密切注意后期 K 线形态发展
┼	十字线	(1) 开盘价、收盘价相同 (2) 空方力量占优 (3) 应密切注意后期 K 线形态发展
┬	T 字线	(1) 开盘价、收盘价相同 (2) 收盘价下方多方买盘积极,此价位多方有很强的支撑 (3) 底部出现此形态为强烈反转信号
┴	倒 T 字线	(1) 开盘价、收盘价相同 (2) 收盘价上方空方卖盘积极,此价位空方有很强的支撑 (3) 顶部出现此形态为强烈反转信号
──	一字线	(1) 开盘价、收盘价、最高价、最低价相同 (2) 此形态极少出现,若出现就是暴涨或暴跌的前兆

五、K 线组合形态分析

（一）双 K 线组合形态分析

（1）双 K 线组合 1。如图 7-2 所示,这是多空双方的一方已经取得决定性胜利,牢牢地掌握了主动权,今后将以取胜的一方为主要运动方向。图 7-2(a)是多方获胜,图 7-2(b)是空方获胜。第二根 K 线实体越长,超出前一根 K 线越多,则取胜一方的优势就越大。

（2）双 K 线组合 2。如图 7-3(a)所示,一根阴线之后又一根跳空阴线,表明空方全面进攻已经开始。如果出现在高价附近,则下跌将开始,多方无力反抗;若在长期下跌行情的尾端出现,则说明这是最后一跌,是逐步建仓的时候了。第二根阴线的下影线越长,则多方反攻的信号更强烈。

图 7-3(b)正好与图 7-3(a)相反。如果在长期上涨行情的尾端出现,是最后一涨,第二根阳线的上影线越长,越是可能要跌了。

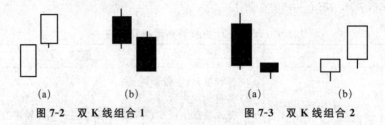

图 7-2　双 K 线组合 1　　　　图 7-3　双 K 线组合 2

（3）双 K 线组合 3。如图 7-4(a)所示,一根阳线加上一根跳空的阴线,说明空方力量正在增强。若出现在高价位,说明空方有能力阻止汇价继续上升;若出现在上涨途中,说明空方的力量还是不够,多方将进一步创新高。

图 7-4(b)与图 7-4(a)完全相反。多空双方中多方在低价位取得了一定优势,改变了前一天的空方优势的局面。今后的情况由是处在下跌行情中,还是处在低价位而定。

（4）双 K 线组合 4。如图 7-5(a)所示,连续两根阳线,第二根的收盘不比第一根低,说明多方力量有限,汇价掉头向下的可能性大。

图 7-5(b)与图 7-5(a)正好相反。多方出现转机,汇价可能向上反弹一下。两种情况中上下影线的长度直接反映了多空双方力量的大小。

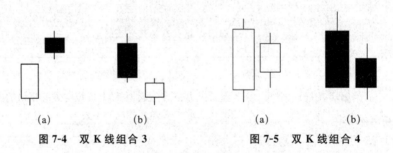

图 7-4　双 K 线组合 3　　　　图 7-5　双 K 线组合 4

（5）双 K 线组合 5。如图 7-6(a)所示,一根阳线被一根阴线吞没,说明空方已经取得决定性胜利,多方将节节败退,寻找新的抵抗区域。图 7-6(b)与图 7-6(a)正好相反,是多方掌握主动的局面,空方即将瓦解。

（6）双 K 线组合 6。如图 7-7(a)所示,一根阴线吞没一根阳线,空方显示了力量和决心,但收效不大,多方没有伤元气,可以随时发动进攻。图 7-7(b)与图 7-7(a)刚好相反,多方进攻了,但效果不大,空方还有相当实力。同样,第二根线的上下影线的长度也是很重要的。

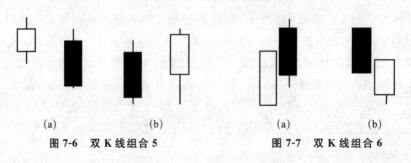

图 7-6　双 K 线组合 5　　　　图 7-7　双 K 线组合 6

（7）双 K 线组合 7。如图 7-8（a）所示，为一根阴线后的小阳线，说明多方抵抗了，但力量相当弱，很不起眼，空方将发起新一轮攻势。图 7-8（b）与图 7-8（a）正好相反，空方弱，多方将发起进攻，再创新高。

（二）三 K 线组合形态分析

（1）早晨之星（见图 7-9）。早晨之星是典型的底部反转形态，通常出现在汇价连续大幅下跌和数浪下跌的中期底部或大底部。早晨之星由三根 K 线组成：第一天为长阴线，为下降趋势的继续；第二天是带上下影线的十字星，与第一天之间有一向下跳空缺口，收盘价与开盘价持平；第三天是长阳线，实体长度已上推到第一天阴线实体之内。早晨之星的含义是黑暗已经过去，曙光已经来临，多空力量对比已开始发生转变，一轮上升行情将要展开。

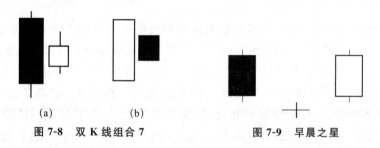

（a）　　　　（b）

图 7-8　双 K 线组合 7　　　　　**图 7-9　早晨之星**

（2）黄昏之星（见图 7-10）。黄昏之星与早晨之星正好相反，是典型的顶部反转形态，通常出现在汇价连续大幅上涨和数浪上涨的中期顶部和大顶部。黄昏之星也由三根 K 线组成：第一天是大阳线，为上升趋势的延续；第二天是带上下影的十字星，通常伴随着向上跳空缺口；第三天是大阴线，实体已插入到第一天阳线实体的内部。黄昏之星的出现预示着黑暗已经降临，一轮上涨行情已经结束，投资者应尽快抛售离场。

（3）射击之星（见图 7-11）。射击之星是指一个小实体，上面有一根长长的上影线，似古人拉弓射箭的形状。射击之星常出现在连续上涨之后，是市场见顶的信号。射击之星是在上升趋势中，市场跳空向上开盘，出现新高点，最后收盘在较低的位置，留下长长的上影线，上影线长度是实体长度的三倍以上。射击之星是市场失去上升动能的表现，是主力出货的常见图形。一般说来，后势要想突破射击之星造成的高位，往往需要相当长的时间。投资者应退场观望，以免在高位长久被套。

图 7-10　黄昏之星　　　　　**图 7-11　射击之星**

（4）锤头（见图 7-12）。锤头是一个小实体下面带有长长的下影线的 K 线形态，似带着锤把的形状。锤头的出现预示着下跌趋势将结束，表示市场在夯实底部，是较可靠的底部形态。锤头是在下降趋势中，市场跳空向下开盘，疯狂卖出被遏制，市场又回到或接近当日最高点,留下长长的下影线。小实体在交易区域的上面,上影线没有或很短。常伴有底部放量,放量越明显,信号越强烈。

（5）吊颈（见图7-13）。吊颈是在高位出现的小阴实体,并带有长长的下影线,形状像一具上吊的尸体。表示上涨趋势结束,主力正在出货。吊颈是在上涨趋势中,当天汇价高开低走,盘中出现大阴线,主力尾市将汇价拉起,几乎以最高点收盘,留下较长下影线。吊颈欺骗性强,杀伤力很大,许多投资者会误认为下档有较强支撑,而买入被套。吊颈形态出现的第二天多为阴线,且开盘价较低。阴线的长度越长,新一轮跌势开始的概率越大。

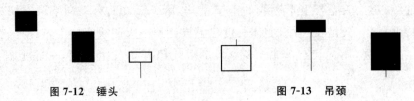

图7-12　锤头　　　　　　　　　图7-13　吊颈

（6）穿头破脚（见图7-14）。穿头破脚有底部和顶部两种形态,是市场中最强烈的反转信号。顶部类似于"崩盘",而底部多为"井喷"。顶部穿头破脚是指汇价经过较长时间上升后,当天汇价高开低走,收出一根大阴线,并将前日阳线全部覆盖。表示主力将汇价推至高处后,高开制造假象,吸引跟风盘,随后大肆出货,将跟风者一网打尽。底部穿头破脚是指汇价经过一段时间下跌后,当日汇价低开高走,收出大阳线,这根大阳线将前日阴线全部覆盖。表示汇价跌至低位后,再次杀跌引出割肉盘,随后将汇价推高,一举收复前日失地,市场开始快速攀升。

（7）乌云盖顶（见图7-15）。乌云盖顶也属于拉高出货的顶部反转形态,预示在暴风雨即将来临的前夜,乌云压城城欲摧。乌云盖顶与顶部穿头破脚类似,只是在图形上阴线的收盘仅切入阳线的2/3处,具有一定的不确定性,杀伤力也次于穿头破脚。乌云盖顶是在市场上升后期,出现了一根大阳线,第二天汇价跳高开盘,收盘价却下降到阳线实体中间之下。表示趋势反转已经发生,随后将出现较长时间的下跌,投资者应迅速离场。通常第二天阴线刺入前日阳线的程度越深,顶部反转的可能性越大。

图7-14　穿头破脚　　　　　　　图7-15　乌云盖顶

（8）双飞乌鸦（见图7-16）。双飞乌鸦是指在市场的高位出现了两根并排的阴线,像两只乌鸦在摇摇欲坠的枯树枝上乱叫,预示"祸不单行",市场将大幅下跌。双飞乌鸦是在汇价连续大幅上升之后,第一天是大阳线,第二天高开收出带上升缺口的阴线,表示向上攻击失败,第三天再次跳高开盘,收出阴线,收盘比前一日阴线低,但仍高于第一天阳线的收盘价。这说明强市已被遏制,汇价将下跌。

（9）双针探底（见图7-17）。双针探底是指两根有一定间隔的K线,都带有较长的下影线,下影线的位置非常接近,是常见的底部反转形态。双针探底出现在汇价连续下跌之后,表示汇价已经过二次探底,下档有较强的支撑,底部确认有效。双针探底经常由一个底部十字星和一个锤头组成,第二根K线的低点常比第一根K线低点高。

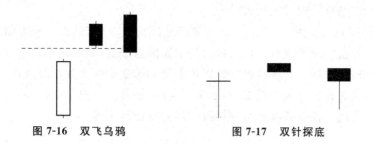

图 7-16　双飞乌鸦　　　　　　　　图 7-17　双针探底

（10）三个白武士（见图 7-18）。三个白武士又称为红三兵，是指三根连续上升的阳 K 线，收盘价一日比一日高。表示多头力量聚集，武士稳扎稳打，步步进逼。三个白武士一般出现在市场见底回升的初期，每日收盘价虽为当天最高点，但开盘价均在前一天的实体之内，因而总体升幅不大，是稳步向上推高。投资者应逢低建仓，及时跟进以免踏空。市场底部出现此形态，常表示后势将加速上涨。

（11）三只黑乌鸦（见图 7-19）。三只黑乌鸦是指三根连续下跌的阴 K 线，收盘价一日比一日低，表示空方力量在逐步加强，后势看淡。三只黑乌鸦一般出现在市场见顶之后，每日的收盘均出现新低点，而每日的开盘价却在前一日的实体之内。下跌的节奏较为平和，空方在缓慢杀跌，后势有可能加速下滑。投资者应果断决策，争取在第一时间平仓离场。

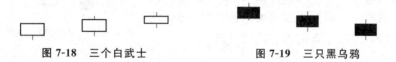

图 7-18　三个白武士　　　　　　　图 7-19　三只黑乌鸦

（12）两阳夹一阴（见图 7-20）。两阳夹一阴又称多方炮，该组合属于上升中继形态，是指在上升途中一根阴线夹在两根阳线中间，主力震荡洗盘的图形。两阳夹一阴是常见的上升形态，表示汇价在盘升过程中，不断遭到卖方打压，但逢低介入的买方众多，汇价回档有限，且顽强上涨。擅长短线操作的投资者可利用冲高和回档之际做短差，但前提是不能丢掉筹码。

（13）两阴夹一阳（见图 7-21）。两阴夹一阳又称空方炮，该组合属于下跌抵抗形态，是指在下跌途中一根阳线夹在两根阴线之间，主力震荡出货的图形。两阴夹一阳是常见的下跌形态，表示汇价在下跌过程中，不断受到买方抵抗，但逢高出货的卖方众多，汇价反弹高度有限，且跌势不止。投资者应利用反弹机会逢高卖出，待汇价跌到底部后，再重新进场承接。

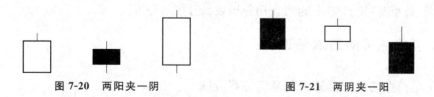

图 7-20　两阳夹一阴　　　　　　　图 7-21　两阴夹一阳

（14）身怀六甲（见图 7-22）。身怀六甲是指在高位大阳线或低位大阴线之后，在实体中间部位出现的小阴线或小阳线，好像前日 K 线怀中的“胎儿”。人们常把小阳线称为上涨孕，小阴线称为下跌孕，一般预示着市场上升或下跌的力量已经衰竭，市场已有改变即有趋势的迹象。身怀六甲常出现在涨势或跌势的后期，由于反转的速度较慢，许多投资者会以为市场处于休整状态而未能及时采取措施。投资者此时可观察成交量，如果前日成交量放大后又突然急剧萎缩,市场反转的可能性大。

(15)上升三部曲(见图7-23)。上升三部曲是持续组合形态,指一根大阳线后接三根较小阴线,再接一根大阳线的组合。这是典型的震荡洗盘手法,表示后市将会继续上涨。上升三部曲不是转势信号,而是升势将继续整固的信号。通常第一天为急升大阳线,随后是三根小阴线,实体都包含在第一天阳线之内,成交量萎缩,接着又一根阳线拔地而起,收盘价创出新高,市场重归升途。投资者应在整理结束时建仓或加码买进。

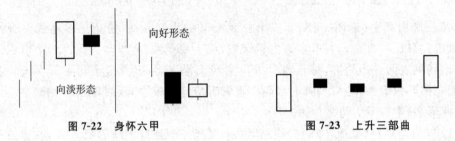

图 7-22　身怀六甲　　　　　　　图 7-23　上升三部曲

(16)下跌三部曲(见图7-24)。下跌三部曲也是持续组合形态,是指一根大阴线后接三根小阳线,再接一根大阴线的组合。反映市场极度虚弱,汇价大跌小涨,空方占有绝对优势的情况。下跌三部曲发生在市场下跌途中,第一天为急跌大阴线,随后出现三根细小的反弹阳线,实体都包含在第一根阴线之内,接着又一根阴线破位而下,击穿市场多日形成的盘整巩固区间,市场重新纳入下跌的轨道。

图 7-24　下跌三部曲

第二节　技术图形分析

外汇汇率的波动虽然千变万化,但与其他商品一样,归根到底是由供求关系决定的。在国际外汇市场中,当某种货币的买家多于卖家时,买方争相购买,买方力量大于卖方力量;卖方奇货可居,价格必然上升。反之,当卖家见销路不佳,竞相抛售某种货币,市场卖方力量占了上风,则汇价必然下跌。所以,技术分析重点研究以往价格交易的数据,进而预测未来的价格走向。此类型分析侧重于图表与公式的构成,以捕获主要和次要的趋势,并通过估测市场周期长短,识别买入/卖出机会。根据选择的时间跨度,可以使用每日或日内(每5分钟、每15分钟、每小时)技术分析,也可使用每周或每月技术分析。

一、技术分析的基本假设

(一)汇价变动是一切影响因素的综合反映

经济、政治、心理预期等影响汇率的所有因素的变化都会真实而充分地反映在汇率价格上。我们要完全理解和接受这个前提条件,否则学习技术分析毫无意义。

技术分析者认为,能够影响某种汇率价格的任何因素,如基础因素、政治因素、心理因素或其他方面的因素,实际上都反映在其价格之中。由此推论,我们必须做的事情就是研究价格变化。这个前提的实质含义是价格变化必定反映供求关系,如果需求大于供给,价格必然上涨;如果供给大于需求,价格必然下跌。供求规律是所有经济预测方法的出发点。反过来推论,只要价格上涨,不论什么具体原因,需求一定超过供给,从经济基础上说必定看好;如果价格下跌,从经济基础上说必定看淡。归根结底,技术分析不过是通过价格的变化间接地研究基本面。图表本身并不能导致市场的升跌,只是简明地显示出市场中流行的乐观或悲观的心态。

既然影响市场价格的所有因素最终必定要通过市场价格反映出来,那么只需研究价格就够了。实际上,图表分析只不过是通过研究价格图表及大量的辅助技术指标,让市场自己揭示其最可能的走势,而并不是分析师凭借个人的精明"征服"了市场。我们讨论的所有技术工具都只是市场分析的辅助手段。

(二)汇率是按照一定的趋势和规律变化的

研究价格图表的全部意义,就是要在一个趋势发生发展的早期,及时、准确地把它揭示出来,从而达到顺应趋势交易的目的。事实上,技术分析在本质上就是顺应趋势,以判定和追随既成趋势为目的。

从"价格以趋势方式演变"可以推断:对一个既成的趋势来说,下一步常常是沿着现存趋势方向继续演变,而掉头反向的可能性要小得多。这当然也是牛顿惯性定律的应用。我们可以换个说法:当前趋势将一直持续到掉头反向为止。虽然这句话差不多是同语反复,但这里要强调的是:坚定不移地顺应一个既成趋势,直至有反向的征兆出现为止。

(三)汇价会循环往复

技术分析和市场行为学与人类心理学有着千丝万缕的联系。例如,价格形态通过一些特定的价格图表形状表现出来,而这些图形表示了人们对某市场看好或看淡的心理。其实这些图形在过去的几百年中早已广为人知并被分门别类。既然它们在过去很管用,就不妨认为它们在未来同样有效。

二、技术分析的基本理论

(一)道琼斯理论

道琼斯理论是技术分析中最古老的理论,它是由查尔斯·亨利·道(Charles Henry Dow)创立的。他认为价格能够全面反映所有现存信息,可供参与者(交易商、分析家、组合资产管理者、市场策略家及投资者)掌握的知识已在标价行为中被折算。由不可预知事件引起的货币波动,都将被包含在整体趋势中。技术分析旨在研究价格行为,从而作出关于未来走向的结论。

道氏理论由以下内容组成。

1. 道氏的三种走势

道氏理论认为股票指数与其他资本市场都有以下三种趋势。

(1)短期趋势是指持续数天至数个星期的趋势。

(2)中期趋势是指持续数个星期至数个月的趋势。

(3)长期趋势是指持续数个月至数年的趋势。

任何市场中,这三种趋势必然同时存在,彼此方向相反。

2. 主要走势

主要走势即空头市场或多头市场,表示市场是处于空头市场还是多头市场,持续时间一般在一年以上,甚至数年之久。

3. 主要的空头市场

空头市场一般经历三个主要阶段:第一阶段,市场参与者不再期待股票可以维持过度膨胀的价格;第二阶段的卖压反映经济状况与企业盈余的衰退;第三阶段来自健全股票的失望性卖压。

4. 主要的多头市场

多头市场一般也要经历三个阶段:第一阶段,人们对未来的景气恢复信心;第二阶段股价对于已知的企业盈余改善产生反应;第三阶段,投机热潮高涨,股价明显膨胀。

5. 次级折返走势

次级折返走势是多头市场中重要的下跌走势,或者是空头市场中重要的上涨走势,持续时间通常为三个星期至数月。

(二) 波浪理论

波浪理论由拉尔夫·尼尔森·艾略特(Ralph Nelson Elliot)创立。这种理论认为,股票价格的运动是遵循着有规律的波浪形态发展的。掌握波浪运动的规律,可以自觉地预测价格的升跌走势。艾略特波浪理论将推动波和修正波分别分为 5 种(1,2,3,4,5)和 3 种(a,b,c)主要走向,这 8 种走向组成一个完整的波浪周期,如图 7-25 所示。

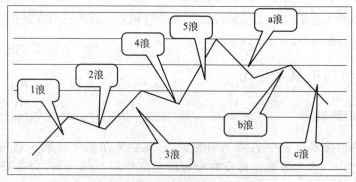

图 7-25 波浪理论

以上两种理论虽然源于对股票市场的分析,但同样适用于外汇市场,并早已应用于外汇市场。

三、技术分析的基本内容

(一) 趋势分析

如果我们在一定时间内考察外汇市场上汇率的变化,就会发现汇率的变动不是杂乱无章的,而是有其规律性。它是沿着某种趋势上下波动震动变动,如果我们选取波动的高点或低点(至少两个高点或低点)进行连线,就可以粗略地画出一条趋势线。趋势线在识别市场趋势方向方面是简单而实用的工具。向上趋势线由至少两个相继低点(或高点)连接而成,显然第二点必须高于第一点,直线的延伸帮助我们研判市场将来沿着什么样的路径向上运动。相反,向下趋势线是至少两个相继低点(或高点)连接而成,显然第二点必须低于第一点,直线的延伸帮助我们研判市场将来沿着什么样的路径向下运动。如果在较长的时间跨度内,找到的两个点基本相同,由此连接而成的趋势线,基本上是一条水平方向的直线,我们通常称为"整理趋势"。

趋势线并不完全是一条直线,它只是近似于直线,它代表着未来汇价可能发展的方向。趋势线根据形态可分为不同种类的趋势线,它们各自代表着不同的市场信息,依此可进行买卖决策。

1. 上升趋势

汇价上升趋势线是指汇价上升波段中,汇价底部之连接线而言,这条连接而形成的上升趋势线通常比较规则,它沿着一定的斜率向上运行,如图 7-26 所示。

图 7-26　上升趋势图

趋势分析及应用如下。

一个多头行情主要由原始、次级或短期上升波动组成,汇价一波比一波高,每两个底部低点即可连成一条上升趋势线。一般而言,原始上升趋势线较为平缓,历经时间较长,而次级或短期上升趋势线较为陡峭,其历经时间有时甚短。

在汇价上升趋势中,当汇价下跌而触及汇价上升趋势线时,便是绝佳的买点,投资者可酌量买进。

2. 下降趋势

汇价下降趋势线是指汇价下降波段中,汇价底部之连接线而言,这条连接而形成的下降趋势线通常比较规则,它沿着一定的斜率向下运行,如图 7-27 所示。

趋势分析及应用如下。

下跌趋势一般由短期下跌波动所构成,汇价一波比一波低,每两个下跌的低点或反弹之

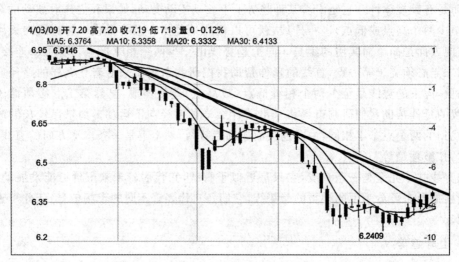

图 7-27　下降趋势图

高点即可连成一条下跌趋势线。一般而言，下跌趋势一旦形成就会经历时间较长的走势。汇价下跌，远离汇价下降趋势线，背离太大，汇价就会反弹。某种汇率的汇价形成下跌趋势后，不建议投资者抢反弹进行买卖操作，其风险非常大。

　　趋势线表明，当价格向其固定方向移动时，它非常有可能沿着这条线继续移动。无论在上升或下跌趋势轨道中，当汇价触及上方的压力线时，就是卖出的时机；当汇价触及下方的支撑线时，就是买进的时机。若在上升趋势轨道中，发现汇价突破上方的压力线时，证明新的上升趋势线即将产生；同理，若在下跌趋势中，发现汇价突破下方的支撑线时，可能新的下跌趋势轨道即将产生。汇价在上升行情时，一波的波峰会比前一波波峰高，一波的波谷会比前一波波谷高；而在下跌行情时，一波的波峰比前一波波峰低，一波的波谷会比前一波波谷低。处于上升趋势轨道中，若发现汇价无法触及上方的压力线时，即表示涨势趋弱了。

3. 整理趋势

　　矩形整理在汇市又称为"箱形整理"。汇价在某一价格区的上下移动，移动的轨道由两条平行于横轴的平行线所界定，其形状就像几何图形的矩形或长方形，矩形整理也称为箱形整理。箱形整理形态通常出现在汇价上升走势或下跌走势的初期或中期，若箱形出现在汇价上升走势或下跌走势的末期，往往形成反转形态，而非整理形态，如图 7-28 所示。

　　趋势分析及应用如下。

　　箱形整理形态一般在汇价上升波完成或下跌波完成之后出现。成交量配合箱形整理的完成，起初量大而后逐步萎缩，一直到汇价突破箱形整理为止。汇价一般横盘整理三至四周或者更长时间，然后再寻找方向进行突破。向上突破初期时箱形向上平移；向下跌破时箱形向下平移，暴涨暴跌的情况除外。

　　在箱形整理形态中，汇价高点与低点的价差较小，不适应买卖操作。当汇价下跌而触及汇价箱形整理下轨时，投资者可酌量买进外汇。当汇价上升而触及汇价箱形整理上轨时，投资者可酌量卖出外汇。

2024/03/09 开 7.19 高 7.19 收 7.19 低 7.18 量 0 -0.08%
MA5: 7.1020　MA10: 7.0860　MA20: 7.0379　MA30: 6.9969

图 7-28　整理趋势图

(二)移动平均线分析

在汇率图形分析中,移动平均线(Moving Average)是应用最广泛的分析方法。该指标显示汇率价格在一段时期内的平均值。在计算移动平均线的时候,要对给定时间内的汇率平均值进行数学分析。当汇率价格变化时,它的平均价格就会上升或者下降。

移动平均线可分为简单移动平均线和复杂移动平均线。简单移动平均线也称单一移动平均线,是指只有一条移动平均线的图形。移动平均可以对任何数据系列进行计算,包括汇率的收盘价、成交量或者其他数据。对另一个移动平均线数进行移动平均也是有的。复杂移动平均线是指不同天数的两条或两条以上的移动平均线组合的图形。依据时间的长短,不同天数的移动平均线会形成不同的波动,这样为我们投资决策提供了很好的依据。

使用移动平均数的最流行方法是,将汇率价格的移动平均数与汇率价格自身进行比较。当汇率价格升至它的平均线值之上时生成了买入信号;当汇率价格跌至它的平均线值以下时生成了卖出信号。这种类型的移动平均线交易系统目标并不是让在真正的底部进入市场,或者在真正的市场顶部退出市场,因为市场真正的底部与顶部是很难预测的。移动平均线代表着一定时期投资者的平均持仓成本,当移动平均线向自己有利的方向发展时,可继续持有,直到移动平均线掉头转向才平仓,能够在市场到达底部后不久买入和在市场达到顶部后不久卖出,从而与汇率价格趋势保持相同的步骤,这样可捕捉巨额的利差。

投资者可以利用移动平均线的原理,随时修正对汇价的判断,决定买卖时机,确定风险的大小。利用移动平均线测定汇率的走势,以葛兰维尔(Granville)所创的八大法则最具实用性与权威性,主要内容如下。

1. 移动平均线的买入信号

(1)移动平均线止跌盘旋,而且汇率从移动平均线下方往上方突破时,是买入信号,如

图 7-29 所示。

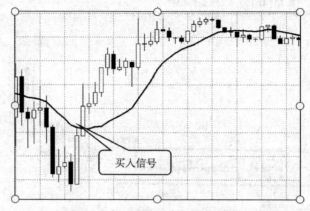

图 7-29　移动平均线买入信号 1

　　（2）汇率稍稍降在移动平均线下方，立即迅速突破移动平均线而向上时，可谨慎买入，如图 7-30 所示。

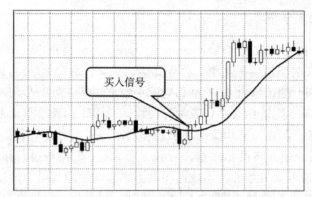

图 7-30　移动平均线买入信号 2

　　（3）汇率在移动平均线上方下跌，在未降到移动平均线之下却上升时，可以买入，如图 7-31 所示。

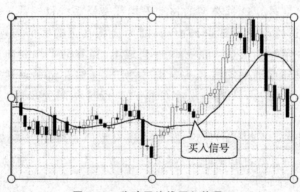

图 7-31　移动平均线买入信号 3

　　（4）汇率在移动平均线下方，突然暴跌，远离移动平均线时可加码买进，如图 7-32 所示。

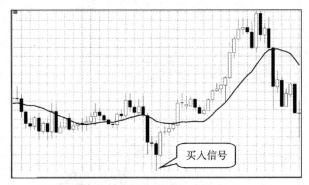

图 7-32 移动平均线买入信号 4

2. 移动平均线的卖出信号

（1）移动平均线上升盘旋，而且汇率从移动平均线上方往下方突破时，是卖出信号，如图 7-33 所示。

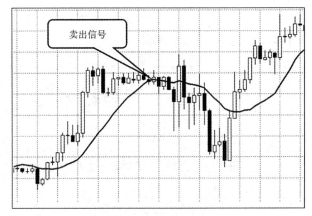

图 7-33 移动平均线卖出信号 1

（2）汇率稍稍升在移动平均线上方，立即迅速突破移动平均线而向下跌时，可谨慎卖出，如图 7-34 所示。

（3）汇率在移动平均线下方上升，但是未突破移动平均线，却再度下跌时，可以及时卖出，如图 7-35 所示。

（4）汇率在移动平均线上方，突然暴涨，远离移动平均线时，可短线考虑卖出，如图 7-36 所示。

3. 利用移动平均线交叉法研判买卖信号

（1）金叉

所谓金叉，是指由多条长短期移动平均线自上而下运行，并逐步扭转向上所形成的结点，该结点朝未来水平方向形成辐射，各条移动平均线发散向上，对未来汇价有支撑。当多条平均线由上而下探底企稳并扭转向上时，如果同时交叉在某一个价位或某一个价位附近，说明这个价位是最近多条平均线共同的买入成本。所以在金叉出现后应逢低买入，如图 7-37 所示。

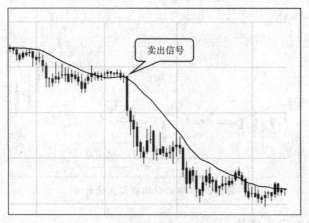

图 7-34　移动平均线卖出信号 2

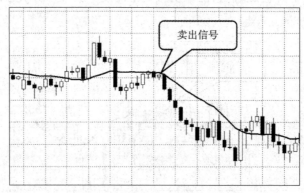

图 7-35　移动平均线卖出信号 3

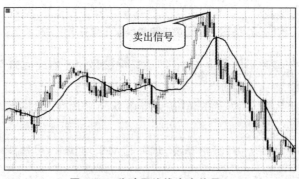

图 7-36　移动平均线卖出信号 4

（2）死叉

所谓死叉，是指由多条长短期移动平均线自下而上运行，并逐步扭转向下所形成的结点，该结点朝未来水平方向形成辐射，各条移动平均线发散向下，对未来汇价有压迫。当多条长短期移动平均线由下而上冲高回落并扭转向下时，如果同时交叉在某一个价位或某一个价位附近，说明这个价位是最近多条平均线共同的买入成本。说明近期内买入的

知识链接 7-1
美指短线看多
中线看跌

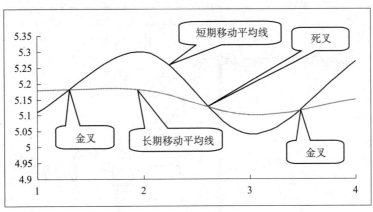

图 7-37　金叉、死叉

人都有亏损。当这种亏损示范被传播后,会引导更多的人退出市场,并使汇价继续下跌。所以,在死叉出现后应逢高卖出。如图7-37所示。

由于移动平均线具有上述诸多功能,所以在外汇市场上得到日益广泛的应用,成为许多外汇投资者的好帮手,逐渐得到越来越多人的青睐。

第三节　技术指标分析

所谓技术指标分析,是依据一定的数理统计方法,运用一些复杂的计算结果,判断汇率走势的量化的分析方法,主要有相对强弱指标、布林线指标、随机指标和MACD指标等十几种方法。由于以上的分析往往与一些电脑软件相配合,所以技术指标分析已成为国际外汇市场职业外汇交易员非常重视的汇率分析与预测工具。这里主要介绍几种常用的指标。

一、相对强弱指标分析

相对强弱指标(Relative Strength Index,RSI)是一个较为流行的常用技术指标。由威尔斯·魏尔德(Welles Wilder)所创造,是目前汇市技术分析中比较常用的中短线指标。相对强弱指标是一个随价格的波动而摆动的变量,它的变化范围为0~100。

RSI＝50为强势市场与弱势市场的分界点。通常设RSI＞80为超买区,市势回档的机会增加;RSI＜20为超卖区,市势反弹的机会增加。

在强势市场中,短期相对强弱指标(RSI)在80以上,汇价会形成短期的头部,可以认为是一次卖出机会;而当RSI回调下破50分界线时,可以认为是一次买入机会。

在弱势市场中,短期RSI值于20以下,汇价会形成短期的底部,可以认为是一次买入机会,而当RSI反弹上穿50分界线时,可以认为是一次卖出机会,如图7-38所示。

RSI有背离原理,当汇价创新高,而RSI创不了新高时,为卖出信号;当汇价创新低,而RSI未创新低时,则为买入信号;RSI创新高,汇价未创新高时,为卖出信号;RSI创新低,汇价未创新低时,也为买入信号,如图7-39所示。

RSI指标的领先意义:在汇价盘整时期,与之对应的RSI却形成逐步下跌的趋势,根据

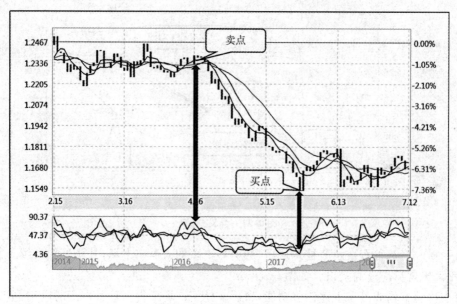

图 7-38 　 RSI 指标买点

RSI 指标的领先含义，可以判断汇价在后市会有一个下跌的过程。

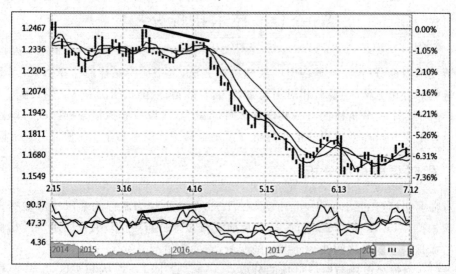

图 7-39 　 RSI 指标卖点

二、布林线指标分析

布林线指标（BOLL）是由约翰·布林（John Bollinger）发明的，是研判汇价运动趋势的一种技术分析工具。布林线是揭示汇价短线震荡剧烈程度的指标，其侧重点在于通过汇价的震荡分析预测走势。从震荡角度着眼，汇价的基本走势为盘整和突破，汇价的运动就是由一次次盘整和对盘整的突破构成。在汇市分析软件中，BOLL 指标一共由三条线组成：中间线是一条简单的移动平均线；上线与中间线的计算是一样的，但向上移动数个标准离差；下线是中间线向下移动数个标准离差。

（一）布林线的市场含义

布林线反映了汇价震荡的剧烈程度。BOLL 指标中的上、中、下轨线所形成的汇价通道的移动范围是不确定的，通道的上下限随着汇价的上下波动而变化。正常情况下，汇价应始终在汇价通道内运行。如果汇价脱离汇价通道运行，则意味着行情处于极端的状态下。在 BOLL 指标中，汇价通道的上下轨是显示股价安全运行的最高价位和最低价位。下轨线可以对汇价的运行起到支撑作用，而上轨线则会对汇价的运行起到压力作用。一般而言，当汇价在布林线的中轨线上方运行时，表明汇价处于强势趋势；当汇价在布林线的中轨线下方运行时，表明汇价处于弱势趋势，如图 7-40 所示。

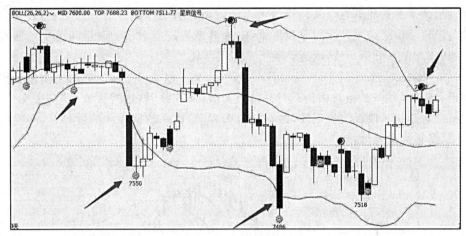

图 7-40 布林线指标

（二）布林线的买卖时机分析

（1）当汇价线向上突破布林线中轨线时，预示着汇价的强势特征开始出现，汇价将上涨，投资者应以中长线买入。

（2）当汇价线从布林线的中轨向上突破布林线上轨时，预示着汇价的强势特征已经确立，汇价将可能短线大涨，投资者应以持汇待涨或短线买入为主。

（3）当汇价线向上突破布林线上轨以后，其运动方向继续向上时，如果布林线的上、中、下轨线的运动方向也同时向上，则预示着汇市的强势特征依旧，汇价短期内还将上涨，投资者应坚决持汇待涨。

（4）当汇价线在布林线上方向上运动了一段时间后，如果汇价线的运动方向开始掉头向下，投资者应格外小心，一旦汇价线掉头向下并突破布林线上轨，预示着汇价短期的强势行情可能结束，汇价短期内将会调整，投资者应及时短线买入离场观望。

（5）当汇价线向下突破布林线的中轨时，如果布林线的上、中、下线也同时向下，预示着汇价前期的强势行情已经结束，汇价的中期下跌趋势已经形成，投资者应中线及时卖出。

（6）当汇价线向下跌破布林线的下轨并继续向下时，预示着汇价处于极度弱势行情，投资者应坚决以持币观望为主，尽量不买入。

（7）当汇价线在布林线下轨运行了一段时间后，如果汇价线的运动方向有掉头向上的迹象时，表明汇价短期内将止跌企稳，投资者可以少量逢低建仓。

（8）当汇价线向上突破布林线下轨时，预示着汇价的短期行情可能回暖，投资者可以及时适量买进，做短线反弹行情。

虽然布林线有许多用处，但是也有很多不足之处，投资者在进行操作时可以结合其他指标配合使用，取长补短，以达到自己的投资目标。

三、MACD 指标分析

MACD 指标又叫指数平滑异同移动平均线，是由查拉尔·阿佩尔（Gerald Apple）创造的，是一种研判外汇买卖时机、跟踪汇价运行趋势的技术分析工具。MACD 是根据两条不同速度的指数平滑移动平均线来计算两者之间的离差状况作为行情研判的基础，实际是运用快速与慢速移动平均线聚合与分离的征兆，来判断买进与卖出的时机与信号。通常采用 DIF 值和 DEA 值来分析行情，既直观明了又实用可靠。

（1）当 MACD 指标中的 DIF 线和 DEA 线在远离 0 值线以下区域同时向下运行很长一段时间后，当 DIF 线开始进行横向运行并向上突破 DEA 线时，这时会形成"黄金交叉"。它表示汇价经过很长一段时间的下跌，并在低位整理后，即一轮比较大的跌势后，汇价将开始反弹向上，是买入信号，如图 7-41 所示。

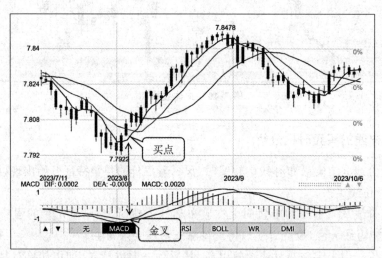

图 7-41　MACD 指标买点

（2）当 DIF 线和 DEA 线都在 0 值线以下区域运行很长一段时间后，这两条线在低位经过"黄金交叉"后，其运行方向开始同时向上靠近 0 值线时，也是买入信号。它可能预示着汇价的一轮升幅可观的上涨行情将很快开始，这是投资者买入外汇的比较好的时机。

（3）当 MACD 指标中的 DIF 线和 DEA 线在远离 0 值线以上区域同时向上运行很长一段时间后，当 DIF 线开始进行横向运行并向下突破 DEA 线，这时会形成"死亡交叉"。它表示经过很长一段时间的上涨后，汇价将开始回调，是卖出信号，如图 7-42 所示。

（4）当 DIF 线和 DEA 线都在 0 值线以上区域运行很长一段时间后，这两条线在高位经过"死亡交叉"后，其运行方向开始同时向下靠近 0 值线时，它可能预示着汇价的一轮较大的回调行情将很快展开，也是卖出信号。

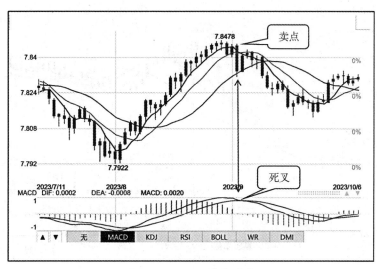

图 7-42 MACD 指标卖点

四、KDJ 指标分析

KDJ 指标又叫随机指标，是由乔治·蓝恩（George Lane）博士最早提出的，是一种相当新颖、实用的技术分析指标，它起先用于期货市场的分析，后被广泛用于汇市的中短期趋势分析。随机指标 KDJ 是以最高价、最低价及收盘价为基本数据进行计算，得出的 K 值、D 值和 J 值分别在指标的坐标上形成一个点，连接无数个这样的点位，就形成一个完整的能反映价格波动趋势的 KDJ 指标。KDJ 指标主要利用价格波动的真实波幅来反映价格走势的强弱和超买超卖现象，在价格尚未上升或下降之前发出买卖信号的一种技术分析工具。KDJ 指标的取值范围是 0～100。

（一）KDJ 指标的市场含义

K 线是快速确认线，数值在 90 以上为超买，数值在 10 以下为超卖；D 线是慢速主干线，数值在 80 以上为超买，数值在 20 以下为超卖；J 线为方向敏感线，当数值大于 100 时，特别是连续 3 天以上，汇价至少会形成短期头部，反之数值小于 0 时，特别是连续数天以上，汇价至少会形成短期底部。

（二）KDJ 指标的买卖时机分析

（1）当 K 值由较小逐渐大于 D 值，K 线从下方上穿 D 线时，显示目前趋势是向上的，所以当 K 线向上突破 D 线时，形成买进信号，如图 7-43 所示中圆形图案对应的 K 线位置。

（2）当 K、D 线在 20 以下交叉向上，此时的短期买入的信号较为强烈，后市汇价可能会上升。

（3）当 K 值由较大逐渐小于 D 值，K 线从上方下穿 D 线时，显示目前趋势是向下的，所以当 K 线向下突破 D 线时，形成卖出信号，如图 7-43 中方形图案对应的 K 线位置。

（4）当 K、D 线在 80 以上交叉向下，此时的短期卖出的信号较为强烈，后市汇价可能会调整。

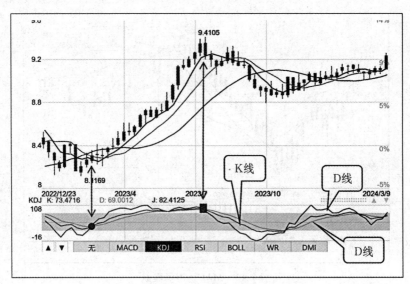

图 7-43　KDJ 指标买卖点

 本章要点

1. K 线分析，包括 K 线的含义、K 线图的优缺点、K 线图的画法、单日 K 线图的基本形态以及 K 线组合形态分析。

2. 技术图形分析，包括技术分析的基本假设、技术分析的基本理论以及技术分析的内容。

3. 技术指标分析，包括相对强弱指标分析、布林线指标分析、MACD 指标分析以及 KDJ 指标分析。

综合练习与实训

一、填空题

1. 开盘价与收盘价之间用粗线表示称为_____；如果收盘价比开盘价高的 K 线称为_____；如果收盘价比开盘价低的 K 线称为_____；如果当天的汇价超过实体的部分，用细线画出称为_____；比实体的低价还低的部分，也用细线画出，称为_____。

2. 汇价在持续上升过程中出现的一根实体很小，但上影线很长、下影线很短的 K 线叫作_____，它是一个_____信号，后市_____，投资者看见此 K 线形态应_____。

3. 汇率价格运动基本形态有_____、_____和_____。

二、简答题

1. 利用所学的技术图形和技术指标对当前美元的走势作出判断。

2. 在对汇价走势进行预测时,应如何处理好基本面分析和技术分析的关系。

3. 如何理解"技术分析不是万能的,同样不重视技术分析是万万不能的"这一说法。

三、技能训练

1. 从图 7-44 中找出"早晨之星"与"黄昏之星"的 K 线组合。

图 7-44　K 线组合实例 1

2. 从图 7-45 中找出"穿头破脚"的 K 线组合。

图 7-45　K 线组合实例 2

3. 从图 7-46 中找出"身怀六甲"的 K 线组合。

图 7-46　K 线组合实例 3

4. 从图 7-47 中找出"射击之星"与"锤头"的 K 线组合。

图 7-47　K 线组合实例 4

5. 从图 7-48 中找出"三个白武士"的 K 线组合。

图 7-48 K 线组合实例 5

6. 从图 7-49 中找出"多方炮"(两阳夹一阴)的 K 线组合。

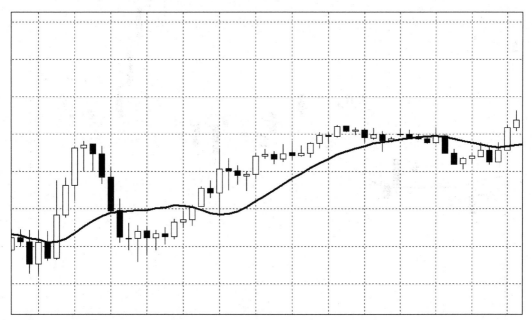

图 7-49 K 线组合实例 6

7. 从图 7-50 中找出"三只黑乌鸦"和"双针探底"的 K 线组合。

图 7-50　线组合实例 7

四、综合分析题

根据所学原理仔细观察图 7-51～图 7-53，并进行趋势判断，然后分析汇价的后续走势。

图 7-51　汇价走势图 1

图 7-52 汇价走势图 2

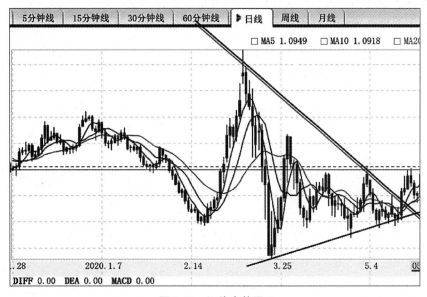

图 7-53 汇价走势图 3

五、实训题

在 MT4 外汇模拟交易平台中,选择任意图表窗口,完成以下各项实训任务。

1. 画 2 条趋势线,要求如下。

(1)画一条支撑线,并圈出买点、卖点。

(2)画一条压力线,并圈出买点、卖点。

(3)将完成后的(1)(2)截图保存。

2. 要求如下。

(1) 分别找出三角形、头肩型、双重型 3 种图形。

(2) 在每种图形中找出相应的买点或卖点。

(3) 圈注后作截图保存。

3. 要求如下。

(1) 在任意图表中插入 Stochastic Oscillator 随机指标线（KDJ），说明其应用原理。

(2) 在主图中的相应位置圈出买点和卖点，并作截图保存。

4. 要求如下。

(1) 在任意图表中插入相对强弱指标 RSI，说明其应用原理。

(2) 在主图中的相应位置圈出相应的买点和卖点。

5. 要求如下。

(1) 在任意图表中插入 MACD 指标，说明其应用原理。

(2) 在主图中的相应位置圈出相应的买点和卖点，并作截图保存。

6. 要求如下。

(1) 在任意图表中插入移动平均线 MA 指标，说明其应用原理。

(2) 在主图中的相应位置圈出相应的买点和卖点，并作截图保存。

7. 要求如下。

(1) 在任意图表中插入布林线指标，说明其应用原理。

(2) 在主图中的相应位置圈出相应的买点和卖点，并作截图保存。

第八章

个人外汇交易模拟

知识目标

1. 熟悉 MT4 外汇模拟交易平台；
2. 熟悉个人外汇模拟交易流程。

1. 能够注册、登陆 MT4 外汇模拟交易平台，并熟练查看外汇行情；
2. 能够在 MT4 外汇模拟交易平台中进行即时交易和委托交易的操作；
3. 学会在 MT4 外汇模拟交易平台中添加各种技术指标并在交易中应用。

学习导航

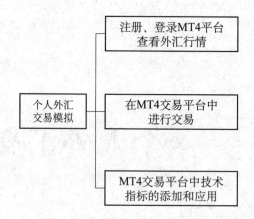

个人外汇
交易模拟

- 注册、登录MT4平台查看外汇行情
- 在MT4交易平台中进行交易
- MT4交易平台中技术指标的添加和应用

课前导读

目前，我国主要商业银行均可以进行个人实盘外汇买卖，即个人客户在银行进行的可自由兑换外汇（或外币）间的交易。客户根据银行提供的外汇实时汇率，将持有的一种外币买卖成另一种外币。个人外汇买卖的开办，既丰富了银行的中间业务品种，吸引和稳定了储户的外汇存款，又为储户提供了保值增值的投资手段，使银行、储户都得益。随着中国金融市场的进一步开放，个人外汇收入的增加，银行客户投资意识的增强，商业银行正在不断开拓市场，发展业务新品种来提高银行的竞争力。目前我国较大的商业银行都可以进行个人实盘外汇买卖。

相比之下，外汇保证金交易在我国经历较为曲折，中国银行、交通银行和民生银行三家银行曾经进行过虚盘（保证金）外汇买卖，2008年6月12日，银监会发布《中国银监会办公厅关于银行业金融机构开办外汇保证金交易有关问题的通知》，叫停银行业金融机构开办外汇保证金交易，至此，已经开办此业务的三家银行全部停止开立新户。

外汇保证金交易已经是国际上非常普遍的交易形式，也是个人投资者和机构投资者的重要投资工具，一个不存在外汇保证金交易的市场，很难说是一个完善的金融市场。随着各种条件逐步具备，相信不远的将来外汇保证金业务会正式踏入中国的金融市场。

MetaTrader4 平台外汇交易模拟

MetaTrader4（MT4）交易平台是由俄罗斯专业金融软件公司MetaQuotes（迈达克）研发的多语金融交易平台，具有强大的图表分析功能及灵活性和良好的扩展性，这使它渐渐成为国内外汇投资者十分青睐的看盘及模拟交易工具，MT4 最强大的功能在于其可以自行编制符合个人交易理念的图表分析指标。

目前，全球已有数百家经纪公司和银行采用了 MT4 交易平台向客户提供在线金融交易服务，国内民生银行也选用了 MT4 作为外汇交易

知识链接 8-1
外汇交易模拟
实验报告

平台。该平台提供免费试用,有中文页面。

一、注册与登录

初次使用 MT4 的投资者,MT4 软件会自动弹出上面的对话框(见图 8-1),个人资料前 4 行无须多做介绍,账户类型一般选择 forex-usd 即开户货币为美元。

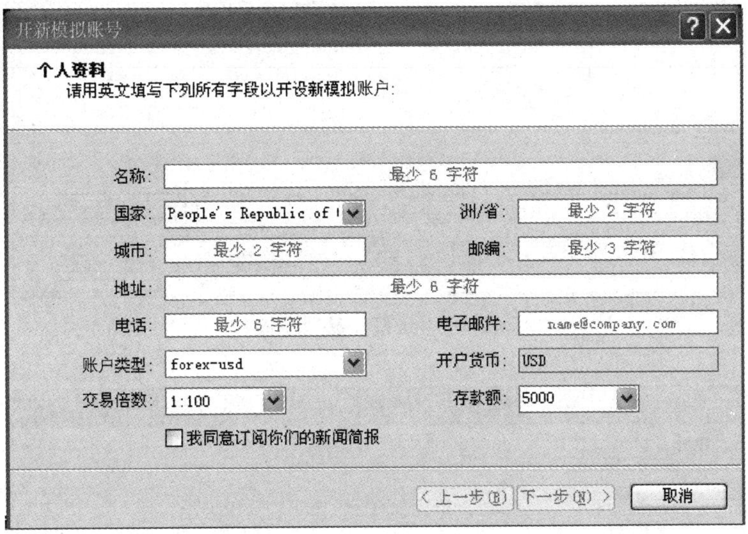

图 8-1 MT4 注册与登录页面

MT4 官方软件所支持的最大交易倍数为 1∶100,但如果投资者选择其他外汇保证金公司提供的 MT4 交易平台,会有 1∶400 或 1∶500 的选项出现。

存款额建议投资者选用 5 000～10 000 的数额,即虚拟初始资金为 5 000～10 000 美元。

MT4 官方软件支持"迷你手"。一标准手为 10 万基准货币,如果保证金为 1∶100 的话,则投资者需要 1 000 基准货币作为保证金,而"迷你手"则可以做 0.1 标准手或 0.01 标准手。也就是说,做 0.1 标准手需要 100 基准货币保证金,做 0.01 标准手只需要 10 基准货币保证金。

例 8-1

投资者 A 有 5 000 美元,他想做保证金交易,建立 USD/JPY 空头头寸,如果做标准手,杠杆比率 1∶100 的情况下,就算只做 1 标准手,他也需要至少 1 000 美元作为保证金,即仓位 20%,对于外汇保证金交易来讲,20% 的仓位不可能做长线,风险极大。但有了"迷你手"交易,投资者 A 可以做 0.01 标准手,那么他的仓位就是 0.2% 他只需要 10 美元作为保证金,这样做的话,资金总体的安全性会比做 1 标准手时高很多。

交易服务器选择 UWC-Demo.com,单击"下一步"按钮,如图 8-2 所示。

最后,请牢记账号、主密码和投资人密码,主密码为操作者自己使用;投资人密码只供其他人观看使用,无法进行操作,如图 8-3 所示。

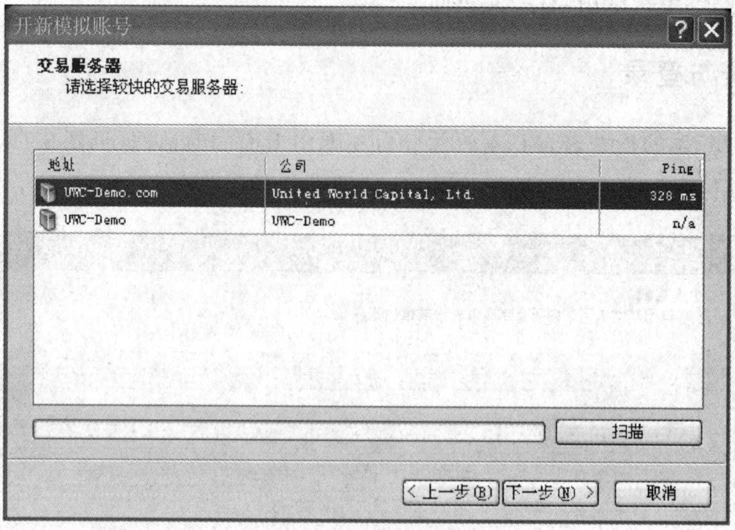

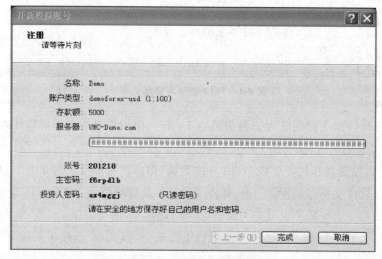

图 8-2　选择交易服务器

图 8-3　获取账号及密码

二、查看行情信息

注册完成后，MT4 系统可能弹出自动更新窗口，单击 Start 按钮即可，如图 8-4 所示。

第一次安装使用 MT4 平台，系统默认显示 4 个货币对的走势图，在商品列表右击想查看的货币对，在打开的菜单中选择"图表窗口"选项，如图 8-5 所示。选择货币对后，在界面上方选择"窗口"→"平铺"选项。主界面会出现 5 个货币对走势图，选择想查看的货币对窗口，单击使其最大化。

完成以上步骤后，单击图表菜单栏，会出现与当前走势图相关的选项。

1. 常用快捷键图标介绍

常用快捷键如表 8-1 所示。

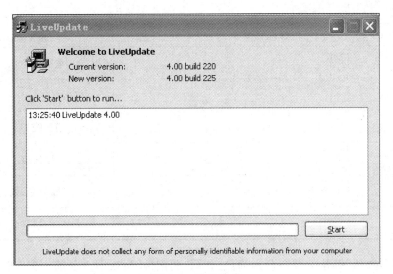

图 8-4　注册完成

图 8-5　进入交易页面

表 8-1　MT4 中的常用快捷键

序号	快捷键图标	快捷键名称
1		图形选项
2		放大与缩小
3	M1 M5 M15 M30 H1 H4 D1 W1 MN	时间时段选项
4		光标
5		十字准线

续表

序号	快捷键图标	快捷键名称
6	|	垂直线
7	—	水平线
8	/	趋势线
9		等距通道
10	新订单	"新订单"按钮
11		"技术指标"按钮

(1)"图形选项"键从左至右分别为：柱状图、阴阳烛、折线图。目前国内有过股票或其他投资经验的投资者对阴阳烛(俗称 K 线图)较为熟悉。

(2)"放大与缩小"键可以调整走势图的大小。

(3)"时间时段选项"快捷键，从左至右依次为：1 分钟图、5 分钟图、15 分钟图、30 分钟图、1 小时图、4 小时图、日线图、周线图、月线图。

(4)"光标"键：MT4 交易平台的设计考虑到了大多数 Windows 用户的使用习惯，光标不必多做介绍。

(5)"十字准线"：单击十字准线图标后，将光标移至价格走势图中，将看到两根相互垂直的直线，横线上下移动代表价格高低，纵线左右移动代表时间远近，将两线焦点对准某个单一蜡烛，则表明某个时间段的价格范围。按住鼠标左键进行拖曳，计算机将自动计算出点差。

(6)"垂直线"：对 K 线纵向分割。

(7)"水平线"：对 K 线横向分割。

(8)"趋势线"：画出 K 线趋势。

(9)"等距通道"：即两条平行线，分为横向通道，上升通道，下降通道。

以上快捷键是 MT4 平台中最常用的，也是最基本的工具。此外还有"新订单"按钮和"技术指标"按钮等在 MT4 平台中，也可对已画图形进行修改，即将光标移到图形上方双击鼠标左键，再使用画图工具进行修改。

2. 修改 K 线图颜色

选择"图表"→"属性"选项，按照国内投资者的习惯，可设定阴阳柱颜色，如图 8-6 所示。

三、即时交易

(一)建仓

1. 下单交易

订单可通过订单控制窗口"新订单"发出执行指令。此窗口可以使用主菜单中"工具"→"新订单"指令打开，也可以使用"常用"工具条中的 按钮打开；或在图表窗口中使用右键菜

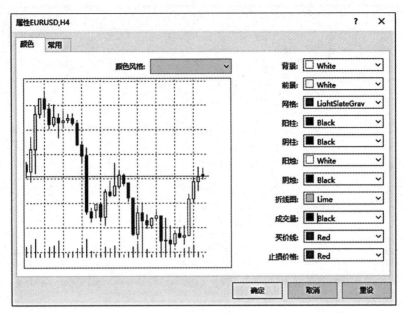

图 8-6　修改 K 线图颜色

单的"新订单"命令。

单击"新订单"按钮,打开交易窗口,直接单击图上的"卖"或"买"按钮,即可按照当前最新价格成交。建议下单的同时设置止损价格以控制风险。

如图 8-7 所示,左侧为即时图,在右侧单击"商品"下拉菜单,可以选择想交易的货币对。以图 8-7 为例:一标准手为 10 万基准币(英镑),即时卖出价价格为 1 英镑=1.371 37 美元,即时买入价价格为 1 英镑=1.371 48 美元,但是在下单之前汇率会随着市场行情不停地变化。

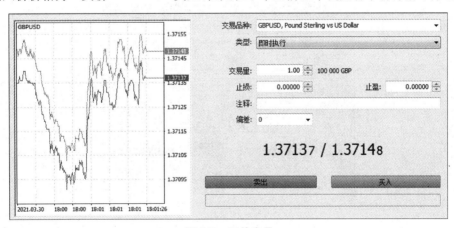

图 8-7　下单交易

2. 交易确认

在上一步单击"卖出"按钮后,会弹出交易确认窗口,如图 8-8 所示。

3. 持仓明细查询

在价格走势图下方,单击"交易"按钮,即可显示持仓订单明细,如图 8-9 所示。

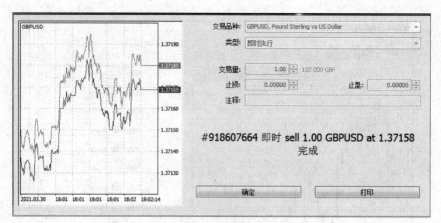

图 8-8　交易确认

交易品种	订单号	时间	类型	交易量	价位	止损	止盈	价位	库存费	盈利
gbpusd	918578520	2021.03.30 17:47:28	sell	1.00	1.37239	0.00000	0.00000	1.37239	0.00	0.00 ×
gbpusd	918607664	2021.03.30 18:02:08	sell	1.00	1.37158	0.00000	0.00000	1.37239	0.00	-81.00 ×
⊖ 结余: 10 000.00 USD　净值: 9 919.00　预付款: 2 743.97　可用预付款: 7 175.03　预付款维持率: 361.48 %										-81.00

交易 | 账户 | 历史 | 新闻 | 邮箱 7 | 经济日历 | 预警 | 文章 49 | 代码库 | VPS | 专家 | 日志　　　　　　　　策略测试

图 8-9　持仓明细

（二）平仓

在终端窗口的交易订单上，鼠标左键双击要平仓的订单，或者右击，选择"平仓"，弹出如图 8-10 所示的对话框，单击黄色的条形框（平仓 # 4799063 sell 1.00 GBPUSD 于价位：1.634 20）即可平仓。

图 8-10　平仓

四、委托交易

（一）开仓委托

开仓委托是指投资者指定以某一价格或某一价格区间，建立多头寸或空头寸。

1. 建立委托

单击"交易类型"下拉菜单,选择"挂单交易"选项,如图8-11所示。

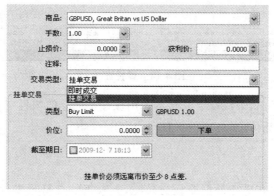

图 8-11　建立委托

(1) Buy Limit:建多仓委托——认为该品种将上涨,想要购买,但目前价格稍高,想等到价格稍有回调后,建仓买多,如图8-12所示。挂单价必须低于市价8个点差。

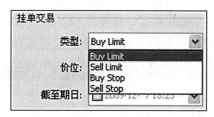

图 8-12　挂单类型

(2) Sell Limit:建空仓委托——与建多仓相反,认为该货币对将下跌,想要先卖出,但目前价格稍低,想等到价格稍有反弹后,建仓卖空。挂单价必须高于市价8个点差。

(3) 截至期日:此订单在指定时间内有效,超过指定日期会自动撤单。

2. 委托确认

委托确认界面如图8-13所示。

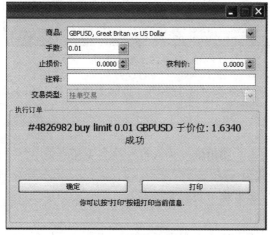

图 8-13　委托确认

3. 委托证实

当委托订单被提交后，在终端窗口单击"交易"按钮，系统会显示委托订单明细，如图 8-14 所示。

定单	时间	类型	手数	商品	价位	止损	获利	价位	佣金	利息	获利
余额：5 170.00	净值：5 170.00	可用保证金：5 170.00									0.00
4826982	2009.12.08 12:14	buy limit	0.01	gbpusd	1.6340	0.0000	0.0000	1.6347			

图 8-14　委托证实

在这里我们可以看出，未成交委托是不占用保证金的。但当投资者关闭 MT4 甚至计算机后，如果价格到达委托价位，订单仍将自动成交。

（二）获利委托

获利委托是指客户在进行外汇委托交易时，为未来的交易预先设定一个获利退出的成交汇率，当市场汇率到达获利汇率时，系统自动完成该笔交易，以获取期望的盈利水平。

1. 建立委托

如图 8-15 所示，GBP/USD 货币对当前的买卖点差为 4 点，某投资者想建立 GBP/USD 多头寸，当前卖出价为 1.634 4，他想设定一个数值，希望到该数值后自动获利平仓。也就是说，当前以 1.634 4 建立多头寸，自动获利点数值至少要设定在 1.634 8 或更高。

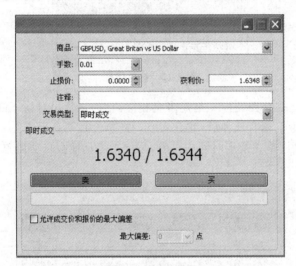

图 8-15　建立委托

空头寸自动获利委托与多头寸正好相反，当前买入价为 1.634 0，自动获利点数值要在 1.633 6 或更低。

获利委托点差公式为

$$卖出价-买入价=获利委托点差$$

多头寸获利委托公式为

$$卖出价+获利委托点差=获利委托最低值$$

空头寸获利委托公式为

$$买入价-获利委托点差=获利委托最低值$$

2. 委托确认

委托确认成功界面如图 8-16 所示。

图 8-16　委托确认成功

3. 委托证实

订单详情会在终端栏显示,如图 8-17 所示。

图 8-17　委托证实

(三) 止损委托

止损委托是指交易者在进行外汇委托交易时,为未来的交易预先设定一个止损的汇率,当市场汇率到达止损汇率时,系统自动完成该笔交易,以便将亏损水平控制在可以接受的范围内。

1. 建立委托

如图 8-18 所示,GBP/USD 货币对当前的买卖点差为 4 点,某投资者想建立 GBP/USD 多头寸,当前卖出价为 1.631 4,他想设定一个数值,希望到该数值后自动止损平仓。也就是说,当前以 1.631 4 建立多头寸,自动止损点数值至少要设定在 1.630 2 或更低。

空头寸自动获利委托与多头寸正好相反,当前买入价为 1.631 0,自动获利点数值要在 1.632 2 或更高。

止损委托点差公式为

$$卖出价-买入价=获利委托点差$$

多头寸止损委托公式为

$$买入价-获利委托点差 \times 2=止损委托最低值$$

空头寸止损委托公式为

$$卖出价-获利委托点差 \times 2=止损委托最低值$$

2. 委托确认

该订单的交易内容在此框中已明确说明,单击"确定"按钮即可,如图 8-19 所示。

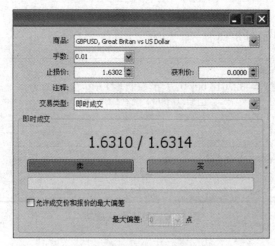

图 8-18　建立委托

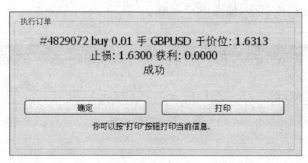

图 8-19　委托确认

3. 委托证实

在上一笔交易单完成后,MT4 会在终端窗口的交易栏中,用蓝色框来显示最新发生的一笔交易订单,如图 8-20 所示的灰色条部分。

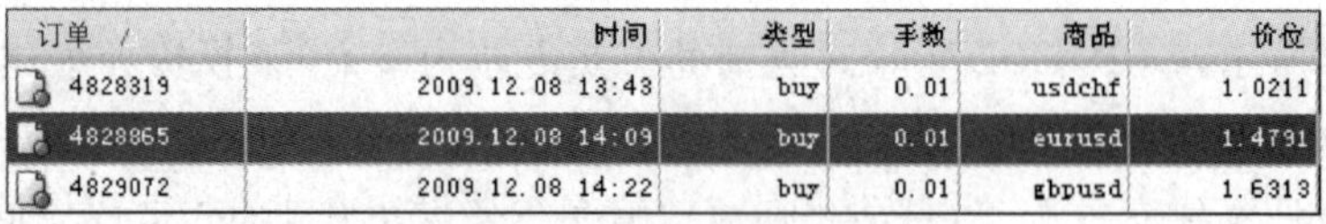

订单	时间	类型	手数	商品	价位
4828319	2009.12.08 13:43	buy	0.01	usdchf	1.0211
4828865	2009.12.08 14:09	buy	0.01	eurusd	1.4791
4829072	2009.12.08 14:22	buy	0.01	gbpusd	1.6313

图 8-20　委托证实

（四）允许最大偏差

有些时间,外汇市场会非常忙碌,例如,美国外汇市场开盘时,此时的价格变化非常快,有时 1 秒内变动 10 个点也很正常。

如果投资者想在此时交易,但系统经常会弹出类似如图 8-21 所示的窗口,有时耽误了投资的最佳时机,这时可以利用 MT4 的另一个功能——允许成交价和报价的最大偏差,如图 8-22 所示。

最大偏差点数的意义在于,例如,当前 GBP/USD 买入价格为 1.632 0,设定最大偏差为 5 点,那么成交的价格为:1.631 5≤成交价格≤1.632 5。

图 8-21 重新报价

图 8-22 允许最大偏差点数的设定

五、撤单——撤销未成交委托

MT4 平台在网络速度良好的保障下,即时交易非常迅速,成交价格点数偏差一般不会超过 5 个点,所以撤单功能常用于开仓委托交易中。

例如,当前 GBP/USD 卖出价格为 1.372 2,买入价格为 1.372 0,投资者在 1.371 5 价位建立多头委托,如图 8-23 所示。

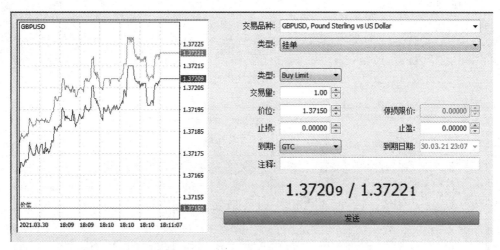

图 8-23 建立委托

执行订单成功,单击"确定"按钮,如图 8-24 所示。只要该订单还未被交易成功,客户随时都可以撤销订单。

在终端栏,单击"交易"按钮,右击想撤销的订单,选择"修改或删除"选项,如图 8-25 所示。

通过"修改或删除"选项,可以修改委托开仓价位、止损价、获利日、到期日,如图 8-26 所示。

单击"删除"按钮后,单击"确定"按钮,即可撤销订单,如图 8-27 所示。

图 8-24　执行订单

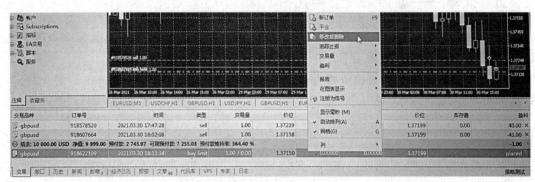

图 8-25　修改或删除订单

图 8-26　修改订单

六、账户历史

在交易终端栏单击"账户历史"选项卡，可以查看账户历史明细，如图 8-28 和图 8-29 所示。

图 8-27　撤销订单

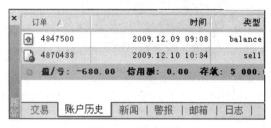

图 8-28　账户历史

订单	时间	类型	手数	商品	价位	止损	获利	时间	价位	利息	获利
4794519	2009.12.07 07:23	balance								Deposit	5 000.00
4799063	2009.12.07 11:51	sell	1.00	gbpusd	1.6360	0.0000	0.0000	2009.12.07 12:11	1.6343	0.00	170.00
4799538	2009.12.07 12:22	buy limit	0.01	gbpusd	1.6340	0.0000	0.0000	2009.12.07 12:23	1.6364		
4826982	2009.12.08 12:16	buy	0.01	gbpusd	1.6340	0.0000	0.0000	2009.12.08 12:19	1.6333	0.00	-0.70

图 8-29　账户历史明细

值得注意的是,在图 8-29 中,左边的时间是指订单成交时间,右边的时间是订单平仓时间。

七、添加技术指标

对于投资初学者而言,以下几项技术指标非常实用,应用广泛而且容易上手。

由于在前面的章节中已经介绍了技术指标的具体用法,因此本节只介绍如何添加技术指标。

（一）添加 Stochastic Oscillator 指标

Stochastic Oscillator 指标是 KDJ 指标在 MT4 平台中的名称,均为 George Lane 首创,只是 Stochastic Oscillator 少一条 J 线,但二者在使用上没有本质的区别。

选择"技术指标"→"震荡指标"→Stochastic Scillator 命令,添加 Stochastic Oscillator 指标,如图 8-30 所示。

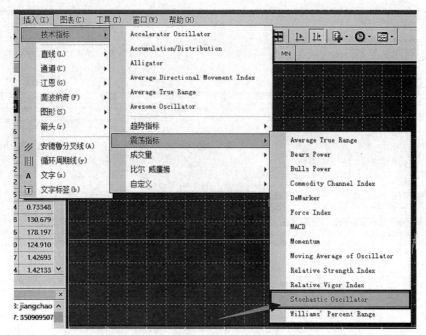

图 8-30 添加 Stochastic Oscillator 指标

通常的 KDJ 指标，设置时分别为 K∶9D∶3J∶3，不过 MT4 默认是 K∶5，这是由于外汇保证金交易有大部分投机者只采用超短线交易，KDJ 指标 9∶3∶3 的配置适用于日线图，而对于 5 分钟图和 15 分钟图，建议使用 5∶3∶3，1 小时和 4 小时图则可使用 7∶3∶3。在实际应用中，初学者不会感到有很大差异，随着投资技术的进步，投资者会领悟到不同货币对的每日波动幅度也不相同。MT4 的好处是客户对任何指标都可以进行详细设置，甚至开发适合自己的技术指标，如图 8-31 所示。

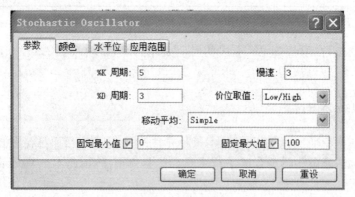

图 8-31 设定参数

（二）添加 RSI 指标

选择"技术指标"→"震荡指标"→Relative Strength Index 命令，添加 RSI 指标，如图 8-32 所示。

MT4 默认的时间周期是 14，实际上所有的技术指标时间周期的意义都是相同的：以几

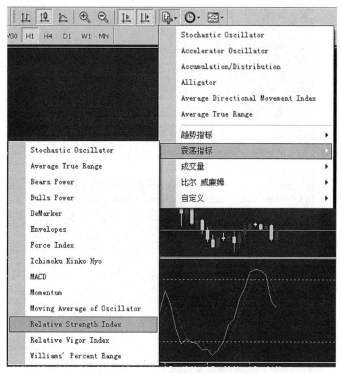

图 8-32 添加 RSI 指标

根 K 线蜡烛来进行计算,如图 8-33 所示。

图 8-33 设定参数

例如,RSI 指标时间周期设定为 14,意味着在价格趋势主图中,每出现 14 根蜡烛图,RSI 就会进行计算。换句话说,时间周期越短暂,意味着该技术指标在应用中越敏感;同样的,技术指标越敏感,意味着准确度就越低。

(三)添加 MACD 指标

选择"技术指标"→"震荡指标"→MACD 命令,添加 MACD 指标,如图 8-34 所示。

在设定参数时,可在"水平位"选项卡中单击"添加"按钮进行设置,完成后单击"确定"按钮,如图 8-35 所示。

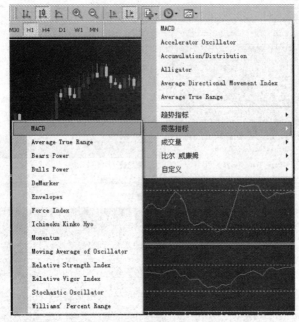

图 8-34　添加 MACD 指标

图 8-35　设定参数

（四）添加移动平均线

添加完之前的三个指标后，建立一个新的窗口，选择"技术指标"→"趋势指标"→Moving Average 命令，添加移动平均线。

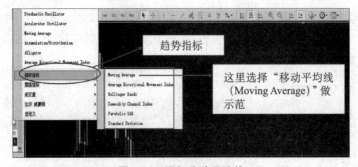

图 8-36　添加移动平均线

投资者可根据自己的投资习惯选择时间周期、移动平均线颜色等,如图 8-37 所示。

图 8-37 设定参数

按照上述方法,可以对图 8-36 反复进行移动平均线添加。价格走势主图上将光标对准想修改的移动平均线,右击即可进行修改或删除,如图 8-38 所示。

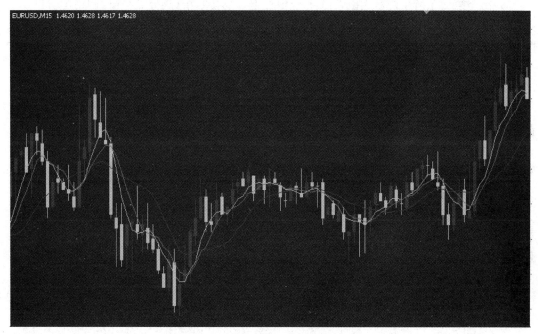

图 8-38 选择移动平均线周期及颜色

 本章要点

1. MT4 外汇模拟交易平台的注册、登录以及查看外汇行情。

2. MT4 外汇模拟交易平台中的交易方法,包括即时交易和委托交易。

3. MT4 外汇模拟交易平台中的各项技术指标及其在交易中的应用。

综合练习与实训

一、实训题

1. 进入 MT4 外汇模拟交易系统登录页面，完成以下任务。

(1) 注册一个账号后，用该账号登录进入外汇模拟交易系统。

(2) 修改主图中的 K 线颜色（阳线红色，阴线绿色），并找到以下 2 根 K 线：

① 带有较长上影线；

② 带有较长下影线。

(3) 分别圈出并作截图。

(4) 简要说明其含义。

2. 通过已注册完成的模拟交易账号，进行模拟交易操作；使用即时和委托两种交易方法，进行外汇保证金交易。

3. 结合第四章所学内容，在 MT4 平台中设定 4 个技术指标（分 2 个窗口，每个窗口 2 个指标），在技术指标分析的基础上，每个窗口至少做一笔交易，要求写明每次交易的入场原因，持仓过程，平仓原因并且要求截图保存。

4. 根据行情分析，结合第四章所学内容，在 MT4 平台中进行 2 次完整的交易（多头—平仓；空头—平仓），无论交易是否盈利，请写出 2 次交易的整个过程。要求：

(1) 写明每次交易的入场原因（即行情分析），持仓过程，平仓原因并且要求截图保存。截图中标明真实的买点和卖点。

(2) 行情分析中使用课上讲到的方法，如 K 线（组合）、趋势线、技术指标等，在截图中要有所体现。

二、课外调研

在国内各家商业银行中，选择两家银行（包括国有商业银行、股份制商业银行），登录相关网站查阅个人外汇交易的信息，了解该银行个人外汇交易的流程规则和交易步骤，以及相关的术语。

附　　录

附录 A　国内实盘外汇交易与国际保证金外汇比较

类　　型	实 盘 交 易	保证金交易
开户	国内银行	海外外汇交易商或是其在中国的代理
资金托管	国内银行	海外外汇交易商指定的银行机构或是该交易商在中国的代理
最低开户额	300 美元	有些交易商 50 美元即可
点差	直盘 30 点左右,交叉盘 60 个点	直盘 3～5 点,交叉盘 7～10 个点
交易方向	只能在美元贬值的时候交易,美元升值的时候无法交易	双向交易,美元贬值和升值的时候均可。又称做多,做空
杠杆	1∶1	标准为 1∶(25～50),迷你为 1∶(100～250)
收益	若 1 万美元本金,盈利 1 个点为 1 美元	标准账户盈利一个点为 10 美元,实际动用资金为 2 000～5 000 美元。迷你账户盈利一个点为 1 美元左右,实际动用资金为 50～100 美元
风险	实盘可以说是没有绝对的风险,因为它的交易实质上是钱与钱的交换,即使发生损失也不会最后一文不值。货币的波动有规律性即使一时被套只要耐心等待都能回来	保证金由于其一个点的价值在 1～10 美元,所以可想而知当行情波动上百甚至上千点的时候,若方向判断错误则最多可损失上万美金。再加上交易所的 5-3-1 原则,会在你本金为单子金额的 1% 时强行平仓,此时便没有机会再等行情的回头
监管	受中国人民银行监管	不受国内法律监管,受该海外交易商本土法律监管

附录 B 2023 年中国外汇市场交易概况

单位：亿元人民币

交易品种	1月	2月	3月	4月	5月	6月	7月	8月	9月	10月	11月	12月	合计
一、即期	56 921	74 435	90 518	73 385	89 139	91 487	89 538	96 034	58 457	40 821	65 113	70 693	896 540
银行对客户市场	20 918	21 922	23 565	22 182	24 625	24 948	22 292	25 700	23 563	21 164	24 286	26 184	281 347
其中：买入外汇	10 577	11 391	12 948	11 563	12 764	12 870	12 364	13 960	12 790	11 371	13 462	13 899	149 959
卖出外汇	10 341	10 531	10 616	10 619	11 861	12 078	9 928	11 740	10 773	9 793	10 824	12 285	131 388
银行间外汇市场	36 003	52 513	66 953	51 203	64 514	66 539	67 246	70 335	34 895	19 657	40 827	44 508	615 193
二、远期	2 593	4 259	4 162	4 053	4 425	3 999	3 192	4 800	3 909	2 091	3 386	3 229	44 097
银行对客户市场	2 352	3 735	3 521	3 471	3 693	3 350	2 652	3 438	2 642	1 670	2 562	2 525	35 611
其中：3个月（含）以下	1 411	2 046	2 006	2 086	1 867	1 725	1 556	1 849	1 431	905	1 496	1 630	20 007
3个月至1年（含）	827	1 490	1 149	1 089	1 533	1 422	814	1 343	1 022	616	959	753	13 017
1年以上	114	198	367	296	293	203	282	246	189	149	107	142	2 587
银行间外汇市场	241	525	640	581	732	649	540	1 362	1 267	421	824	705	8 486
其中：3个月（含）以下	131	394	508	339	361	472	307	1 094	823	257	627	529	5 843
3个月至1年（含）	109	119	124	125	209	112	173	231	423	157	174	142	2 098
1年以上	0	11	9	118	162	65	60	37	21	6	23	34	545
三、外汇和货币掉期	76 610	119 032	148 534	116 234	113 119	114 075	134 388	152 596	120 738	112 572	151 471	123 566	1 482 935
银行对客户市场	1 047	1 018	2 098	1 466	1 800	2 279	2 420	2 181	2 552	2 167	3 236	2 967	25 231
其中：近端换入外汇	203	304	162	79	135	95	160	291	240	192	130	362	2 354
近端换出外汇	844	714	1 935	1 388	1 665	2 184	2 260	1 890	2 312	1 974	3 106	2 605	22 877
银行间外汇市场	75 562	118 014	146 436	114 768	111 320	111 797	131 968	150 415	118 186	110 405	148 234	120 599	1 457 703
其中：3个月（含）以下	69 046	107 595	133 251	107 811	102 444	102 713	120 907	138 533	108 260	98 643	132 021	106 941	1 328 166
3个月至1年（含）	6 352	10 208	12 881	6 810	8 640	9 000	10 911	11 777	9 869	11 657	16 051	13 466	127 622
1年以上	164	210	304	146	235	84	151	105	57	105	162	192	1 916

续表

交 易 品 种	1月	2月	3月	4月	5月	6月	7月	8月	9月	10月	11月	12月	合计
四、期权	**6 784**	**8 658**	**8 992**	**7 731**	**9 098**	**9 346**	**8 596**	**11 112**	**8 069**	**6 954**	**8 988**	**7 875**	**102 202**
银行对客户市场	**1 888**	**2 310**	**2 659**	**1 986**	**2 547**	**2 874**	**2 172**	**3 187**	**3 245**	**2 135**	**2 438**	**1 904**	**29 346**
其中:买入期权	1 047	1 222	1 517	818	1 242	1 716	1 239	1 975	2 064	1 149	1 378	1 056	16 423
卖出期权	841	1 088	1 142	1 168	1 306	1 157	933	1 212	1 181	986	1 060	848	12 923
其中:3个月(含)以下	930	1 245	1 444	1 022	1 118	1 584	1 018	1 348	1 282	822	1 221	1 116	14 150
3个月至1年(含)	808	909	1 052	761	1 060	972	852	1 521	1 530	1 018	971	633	12 088
1年以上	150	157	164	203	370	317	303	318	433	295	246	154	3 108
银行间外汇市场	**4 896**	**6 347**	**6 333**	**5 745**	**6 551**	**6 472**	**6 423**	**7 925**	**4 824**	**4 819**	**6 550**	**5 972**	**72 856**
其中:3个月(含)以下	2 322	4 020	3 851	3 687	4 656	3 906	3 773	4 416	3 126	2 714	4 002	3 450	43 923
3个月至1年(含)	2 551	2 327	2 482	2 055	1 801	2 563	2 613	3 508	1 679	2 097	2 531	2 522	28 730
1年以上	24	0	0	3	93	3	37	0	19	7	17	0	203
五、合计	**142 908**	**206 384**	**252 206**	**201 403**	**215 780**	**218 907**	**235 713**	**264 542**	**191 173**	**162 437**	**228 958**	**205 363**	**2 525 774**
其中:银行对客户市场	26 206	28 985	31 843	29 106	32 665	33 451	29 536	34 505	32 002	27 136	32 523	33 579	371 536
银行间外汇市场	116 702	177 399	220 362	172 297	183 116	185 456	206 178	230 037	159 171	135 302	196 434	171 784	2 154 238
其中:即期	56 921	74 435	90 518	73 385	89 139	91 487	89 538	96 034	58 457	40 821	65 113	70 693	896 540
远期	2 593	4 259	4 162	4 053	4 425	3 999	3 192	4 800	3 909	2 091	3 386	3 229	44 097
外汇和货币掉期	76 610	119 032	148 534	116 234	113 119	114 075	134 388	152 596	120 738	112 572	151 471	123 566	1 482 935
期权	6 784	8 658	8 992	7 731	9 098	9 346	8 596	11 112	8 069	6 954	8 988	7 875	102 202

注:1. 外汇市场统计口径仅限于人民币对外汇交易,不含外汇之间交易。

2. 银行对客户市场采用客户买卖外汇总额,银行间外汇市场采用单边交易量,均为发生额本金。

3. 银行对客户市场的即期=买入外汇(结汇)+卖出外汇(售汇)(含银行自身结售汇,不含远期结售汇履约),远期=买入外汇(结汇)、卖出外汇(售汇)、外汇和货币掉期=近端换入外汇(售汇)+近端换出外汇(结汇),期权=买入期权+卖出期权,均采用客户交易方向。

4. 外汇市场交易数据按美元编制,当月人民币计价数据由美元数据按月均人民币对美元汇率中间价折算得到。

5. 本表计数采用四舍五入原则。

资料来源:国家外汇管理局网站,2024-01-26.

附录 C　外汇交易常用术语中英文对照

❖ （标准的）远期交割日——(Standard)Forward Dates

❖ 保证金——Margin

❖ 本票——Promissory Note

❖ 变动（化）保证金——Variation Margin

❖ 标准交割日——Value Spot or VAL SP

❖ 初始保证金——Initial or Original Margin

❖ 单一汇率——Single Exchange Rate

❖ 当日交割——Value Today or VAL TOD

❖ 到期月份——Expiration Month

❖ 掉期交易——Swap Transaction

❖ 多头——Long

❖ 多头套期保值——Long Hedge

❖ 多头投机——Long Speculation

❖ 复汇率——Multiple Exchange Rate

❖ 隔日交割——Value Tomorrow or VAL TOM

❖ 股价指数期货——Stock Index Futures

❖ 固定交割日的期汇交易——Fixed Forward Transaction

❖ 关键货币——Key Currency

❖ 官定汇率——Official Exchange Rate

❖ 国际货币基金组织——International Monetary Fund(IMF)

❖ 黄金期货——Gold or Bullion Futures

❖ 汇率——Exchange Rate

❖ 汇票——Draft

❖ 基本点——Basic Point

❖ 基本分析法——Fundamental Approach

❖ 基本汇率——Basic Rate

❖ 即期对即期的掉期交易——Spot-Spot Swaps

❖ 即期对远期的掉期交易——Spot-forward Swaps

❖ 即期汇率——Spot Exchange Rate

❖ 即期交割日——Spot Date

❖ 即期外汇交易——Spot Exchange Transaction

❖ 即期外汇市场——Spot Exchange Market

❖ 即期外汇投机——Spot Speculation

❖ 技术分析法——Technical Analysis

❖ 间接标价法——Indirect Quotation

❖ 交割——Delivery or Settlement

❖ 交割结算——Delivery and Settlement

❖ 交割日/结算日/起息日——Value Date /Delivery Date

❖ 交易所——Foreign Exchange

❖ 金融期货——Financial Futures

❖ 开盘汇率——Opening Rate

❖ 看跌期权——Put Option

❖ 看涨期权——Call Option

❖ 可兑换性——Convertibility

❖ 空头——Short

❖ 空头套期保值——Short Hedge

❖ 空头投机——Short Speculation

❖ 利率期货——Interest Rate Futures

❖ 伦敦国际金融期货交易所——London International Financial Futures Exchange(LIFFE)

❖ 买空——Buy Long or Bull

❖ 买入汇率——Buying Rate

❖ 卖出汇率——Selling Rate

❖ 卖空——Sell Short

❖ 美式期权——American Option

❖ 欧式期权——European Option

❖ 平价——at Par 或 Parity

❖ 期货——Futures

❖ 期货价格(履约价格)——Exercise Price;Strike Price

❖ 期货交易——Futures Trading

❖ 期权费——Premium

❖ 清算公司——Clearing Firm

❖ 清算机构——Clearing House

❖ 清算价格——Settle Price

❖ 升水——Premium

❖ 市场汇率——Market Rate

❖ 收盘汇率——Close Rate

❖ 双向报价——Two Way Quotation

❖ 套期保值——Hedge

❖ 套算(交叉)汇率——Cross Rate

❖ 贴水——Discount

❖ 投机者——Speculator

❖ 外币期货——Foreign Currency Futures

❖ 外币期货交易——Foreign Currency Futures Transaction

❖ 外汇——Foreign Exchange

❖ 外汇交易——Foreign Exchange Transaction

❖ 外汇经纪人——Foreign Exchange Broker

❖ 外汇期货——Foreign Exchange Futures

❖ 外汇期货合约——Currency Future Contract

❖ 外汇期货交易——Foreign Exchange Futures Transaction

❖ 外汇期权交易——Foreign Exchange Option Transaction

❖ 外汇市场——Foreign Exchange Market

❖ 外汇投机——Foreign Exchange Speculation

❖ 完整汇率——Outright Rate

❖ 完整汇率报价方式——Outright Rate Quotation

❖ 维持保证金——Maintenance Margin

❖ 现钞汇率——Bank Notes Rate

❖ 现货交易——Spots Trading

❖ 信用卡——Credit Card

❖ 选择交割日的期汇交易——Optional Forward Transaction

❖ 远期差价——Forward Margin

❖ 远期差价报价方式——Swap Rate Quotation

❖ 远期掉期率——Forward Swaps Rate

❖ 远期对远期的掉期交易——Forward-forward Swaps

❖ 远期汇率——Forward Rate

❖ 远期套期保值——Forward Hedge

❖ 远期外汇交易——Forward Exchange Transaction

❖ 远期外汇投机——Forward Speculation

❖ 择期交易——Optional Forward Transaction

❖ 支票——Cheque

❖ 芝加哥交易所——Chicago Board of Trade(CBT)

❖ 执行价格——Strike Price

❖ （芝加哥）国际货币市场——International Monetary Market(IMM)

❖ 直接标价法——Direct Quotation

❖ 中间汇率——Middle Rate

❖ 逐日盯市制度——Mark to Market Daily

❖ 最低汇率——Low Rate

❖ 最高汇率——High Rate

参 考 文 献

[1] 何昌.外汇理论与实务[M].北京:清华大学出版社,2024.

[2] 姜波克.国际金融新编[M].6版.上海:复旦大学出版社,2023.

[3] 曹扬慧,周骥,王映.企业外汇风险管理[M].北京:中国财政经济出版社,2023.

[4] 张青龙,孔刘柳,王静华.外汇交易和风险管理[M].上海:汉语大词典出版社,2022.

[5] 中国外汇交易中心.中国银行间市场交易报告2021[M].北京:中国金融出版社,2022.

[6] 刘金波.外汇交易原理与实务[M].北京:人民邮电出版社,2022.

[7] 孙天琦.外汇市场微观监管与跨境资本流动管理[M].北京:中国金融出版社,2021.

[8] 刘元,彭烨春.外汇交易与管理[M].3版.北京:首都经济贸易大学出版社,2020.

[9] 魏强斌.外汇交易三部曲[M].5版.北京:经济管理出版社,2020.

[10] 魏强斌.外汇交易进阶[M].5版.北京:经济管理出版社,2020.

[11] 中国期货业协会.外汇期货[M].2版.北京:中国财政经济出版社,2020.

[12] 魏强斌.外汇交易圣经[M].5版.北京:经济管理出版社,2020.

[13] 陈雨露.国际金融[M].6版.北京:中国人民大学出版社,2019.

[14] 孙天琦.外汇管理体制改革与创新[M].北京:中国金融出版社,2018.

[15] 托马斯·普格尔.国际金融[M].沈艳枝,译.16版.北京:中国人民大学出版社,2018.

[16] 劳伦斯·A.康纳斯,琳达·布拉福德·拉斯琦克.华尔街交易智慧[M].陆鼎,译.太原:山西人民出版社,2018.

[17] 贾里德·F.马丁内斯.外汇交易的10堂必修课[M].陆鼎,译.北京:机械工业出版社,2018.

[18] 许再越.外汇市场与交易系统[M].杭州:浙江大学出版社,2017.

[19] 斯文.中国外汇衍生品市场研究[M].上海:上海人民出版社,2016.

[20] 本书编委会.展业三原则:外汇业务领域的探索与实践[M].北京:中国金融出版社,2016.

推荐网站:

[1] 中国人民银行网.http://www.pbc.gov.cn/.

[2] 国家外汇管理局.http://www.safe.gov.cn.

[3] 中国银行业监督管理委员会.http://www.cbrc.gov.cn.

[4] 中国证券监督管理委员会.http://www.csrc.gov.cn.

[5] 外汇通.http://www.forex.com.cn.

[6] 世界汇金网.http://www.globefinance.net.

[7] 中国金融营销网.http://www.reason.com.cn.

[8] 国家发展和改革委员会.http://www.sdpc.gov.cn/.

[9] 金融界.http://www.jrj.com.

[10] 中国货币网.http://www.chinamoney.com.cn.

[11] 世界汇金网.http://www.globefinance.net.